近畿圏版④ 使いやすい！教えやすい！家庭学習に最適の問題集！

JN035419

城星学園小学校
帝塚山学院小学校

2021 年度版 過去問題集

<問題集の効果的な使い方>
①お子さまの学習を始める前に、まずは保護者の方が「入試問題」の傾向や難しさを確認・把握します。その際、すべての「学習のポイント」にも目を通しましょう。
②入試に必要なさまざまな分野学習を先に行い、基礎学力を養ってください。
③学力の定着が窺えたら「過去問題」にチャレンジ！
④お子さまの得意・苦手が分かったら、さらに分野学習をすすめレベルアップを図りましょう！

最新の入試問題と特徴的な出題を含めた全40問掲載

合格のための問題集

城星学園小学校

記憶	お話の記憶問題集 中級編・上級編
記憶	Jr・ウォッチャー20「見る記憶・聴く記憶」
図形	Jr・ウォッチャー35「重ね図形」
数量	Jr・ウォッチャー40「数を分ける」
巧緻性	Jr・ウォッチャー25「生活巧緻性」

帝塚山学院小学校

数量	Jr・ウォッチャー40「数を分ける」
言語	Jr・ウォッチャー17「言葉の音遊び」
図形	Jr・ウォッチャー4「同図形探し」
図形	Jr・ウォッチャー45「図形分割」
記憶	お話の記憶問題集 中級編・上級編

●資料提供●
くま教育センター

ISBN978-4-7761-5313-9

C6037 ¥2300E

9784776153139

日本学習図書 ニチガク

定価　本体2,300円＋税

1926037023005

目指せ！合格！

家庭学習ガイド
城星学園小学校

入試情報

応募者数：男女 192 名
出題形態：ペーパー
面　　接：保護者・志願者
出題領域：ペーパー（記憶・数量・図形・常識・言語 など）、
行動観察、巧緻性、運動

入試対策

2020 年度の入試は、午前にペーパーテスト、午後に行動観察・巧緻性・運動という例年通りの形で行われ、ペーパーテストは、記憶、数量、図形、常識、言語の分野という、昨年とほぼ同じ分野からの出題でした。常識の分野では理科的な知識が無いと解けない問題が出題されています。知識を増やすために触れる経験など、さまざまな対策をとっていく必要があります。そのほかの分野は過去問にしっかりと取り組み、幅広い分野を学習することを心がけてください。午後の行動観察や運動では、ほかのお友だちと集団や 1 対 1 で取り組むものがあります。さまざまな状況でも対応できるコミュニケーション（会話）能力が必要な入試と言えるでしょう。

●「常識」分野では動植物の性質を聞く、理科的知識に関する問題が頻出です。実際に見るということが難しいならば、さまざまなメディアを活用して知識を得ましょう。

●行動観察では片付けをするという課題があります。おうちの人の手伝いをしているのか、といったような日常生活でのふるまいを観ているものがよく出題されます。

必要とされる力　ベスト６

チャートで早わかり！

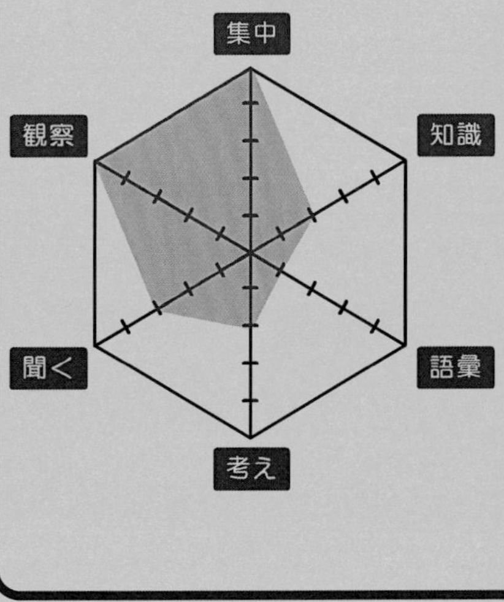

特に求められた力を集計し、左図にまとめました。
下図は各アイコンの説明です。

	アイコンの説明
集中	集　中　力…他のことに惑わされず１つのことに注意を向けて取り組む力
観察	観　察　力…２つのものの違いや詳細な部分に気付く力
聞く	聞　く　力…複雑な指示や長いお話を理解する力
考え	考える力…「～だから～だ」という思考ができる力
話す	話　す　力…自分の意志を伝え、人の意図を理解する力
語彙	語　彙　力…年齢相応の言葉を知っている力
創造	創　造　力…表現する力
公衆	公衆道徳…公衆場面におけるマナー、生活知識
知識	知　　　識…動植物、季節、一般常識の知識
協調	協　調　性…集団行動の中で、積極的かつ他人を思いやって行動する力

※各「力」の詳しい学習方法などは、ホームページに掲載してありますのでご覧ください。http://www.nichigaku.jp

「城星学園小学校」について

〈合格のためのアドバイス〉

　多分野から出題されることが特徴のペーパーテストについては、幅広い学習が不可欠です。苦手分野を作らないように、間違った問題については、間違いや不注意の原因をその度に把握するようにしてください。本校の入試は、指示の聞き取りが重要です。すでに理解している問題でも、出題形式の違いや言葉の言い回しで、難しく感じる場合があります。さまざまな分野の問題を通して、指示を理解しているかどうかを見きわめましょう。

　「行動観察」では、グループ内での協調性と、自分のことを自分でする自立心が観られているようです。４～５人で行う課題と１対１で行う課題があることから、それぞれの状況の中で受験者がどのように動くのか観られています。

　運動の課題では、サーキット運動やボールなどの基本的なものです。これは運動の出来の良し悪しを観ているのではなく、取り組む姿勢や集団の中でどのように振る舞うかを観ています。他人のことを尊重する姿勢や、ルールが守れるかなどが観点ですから、競技だからといって熱が入りすぎて、指示や決まりごとをないがしろにすることのないように気をつけてください。

　面接試験は、例年同様、志願者と保護者（どちらか１名でもよい）を対象に試験日前に行われました。保護者には、学校のこと、子どものこと、宗教について質問がありました。また、試験日前に行われた説明会についての質問もあったようですので、必ず参加するようにしてください。

　本校は、面接を大切にしています。面接中の親子のやりとりなどでふだんのお子さまと保護者の方の素顔をみているようです。ご家庭での話し合いを多く持ち、何を聞かれても明るく元気に、礼儀正しく対応できるようにしておきましょう。

〈2020年度選考〉

◆親子面接（考査日前に実施）
◆ペーパーテスト：お話の記憶、見る記憶、数量、
　図形、常識、言語など
◆運動：かけっこ、ジャンプ
◆行動観察：ボール運び
◆巧緻性：片付け

◇過去の応募状況

2020年度	男女 192 名
2019年度	男女 200 名
2018年度	男女 192 名

入試のチェックポイント

◇受験番号は…「願書提出順」
◇生まれ月の考慮…「なし」

〈本書掲載分以外の過去問題〉

◆記憶：見本の哺乳類についての説明を聞き、後の質問に答える。[2015年度]
◆図形：見本の形を作るには何枚のパズルのピースが必要か。[2015年度]
◆常識：見本のものが成長するとどんな姿になるか。[2014年度]
◆言語：見本のものに含まれる音を探す。[2014年度]
◆推理：水の入ったコップにものを入れると、水位はどう変わるか。[2014年度]
◆巧緻性：見本を見て、同じマスに印を書き入れる。[2013年度]

目指せ！合格！ 家庭学習ガイド
帝塚山学院小学校

入試情報

応募者数：男女 169 名
出題形態：ペーパー、個別テスト
面　　接：保護者
出題領域：ペーパー（記憶、図形、数量、言語、常識など）
個別テスト（口頭試問・指示行動・運動）、行動観察、食事テスト

入試対策

入学試験はペーパーテスト→個別テスト（口頭試問・指示行動・運動）→行動観察→食事テスト（給食）という流れで行われました。当校入試は、「お話の記憶」「図形」「数量」「言語」「常識」などの幅広い分野から出題されています。「図形」「数量」の分野では、さまざまな内容が年度ごとに入れ替わって出題されているので、直近の問題だけではなく２年分以上の問題を必ず解いてください。また、「言語」「常識」が昨年度から引き続き出題されています。いずれも日常生活で得る知識を問うものですから、暮らしの中で、知識を付けていくようにしましょう。「行動観察」は、例年「集団遊び」「ゲーム」が行われるほか、当校入試の特色である「食事（集団で摂る給食）」も行われています。知らない子どもたちと遊ぶ機会を持つ、食事のマナー、好き嫌いなどに気を配るなど、ふだんの生活の中で行えることを疎かにしないことが大切です。

●「お話の記憶」は毎年出題されています。本の読み聞かせは、親子間のコミュニケーションが取れることはもちろん、「記憶力」「想像力」「思考力」を養うことができ、すべての学習の下地づくりになります。

●ここ数年を見ると「図形」に関しては、「積み木」「合成」「点図形」「同図形」「重ね図形」を中心に出題されています。「数量」では「聞き取り」「足りない数」「数の差」「サイコロ等の見えない数」「マス目の移動」が出題されています。

必要とされる力　ベスト６

チャートで早わかり！

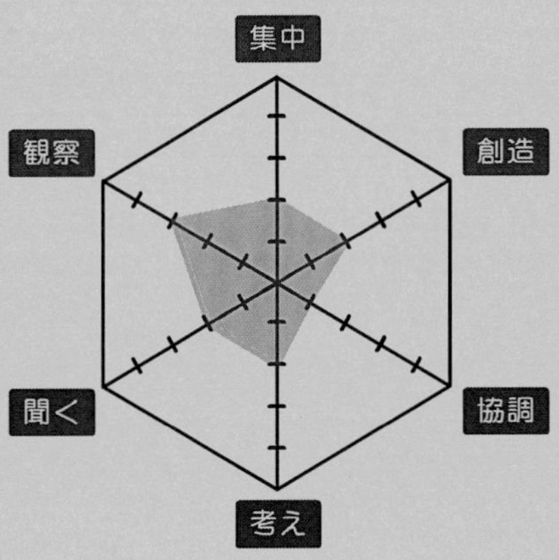

特に求められた力を集計し、左図にまとめました。
下図は各アイコンの説明です。

	アイコンの説明
集中	集　中　力…他のことに惑わされず１つのことに注意を向けて取り組む力
観察	観　察　力…２つのものの違いや詳細な部分に気付く力
聞く	聞　く　力…複雑な指示や長いお話を理解する力
考え	考える力…「～だから～だ」という思考ができる力
話す	話　す　力…自分の意志を伝え、人の意図を理解する力
語彙	語　彙　力…年齢相応の言葉を知っている力
創造	創　造　力…表現する力
公衆	公衆道徳…公衆場面におけるマナー、生活知識
知識	知　　識…動植物、季節、一般常識の知識
協調	協　調　性…集団行動の中で、積極的かつ他人を思いやって行動する力

※各「力」の詳しい学習方法などは、ホームページに掲載してありますのでご覧ください。http://www.nichigaku.jp

「帝塚山学院小学校」について

＜合格のためのアドバイス＞

当校は「力の教育」を建学の精神として設立され、「意志の力、情の力、知の力、躯幹の力」を身に付けた、力のある全人教育を行っています。「コミュニケーション力のある子ども」「深く思考する子ども」「自ら動ける子ども」「創造できる子ども」の育成を目指す「探究型」教育を早くから取り入れるなど、常に新しいことに挑戦する校風で人気があります。系列の帝塚山学院中学・高校に、関西学院大学へ内部進学可能なコースが設置され、さらに注目が集まっています。

2020年度の入学試験は、ペーパーテスト、個別テスト、行動観察、食事テスト、保護者面接、保護者アンケートなどが長時間にわたって実施されました。大きな変化はなく、例年通りといえるでしょう。試験全体から志願者のありのままの姿、家庭教育のあり方、年齢相応の能力の有無を問う問題の構成となっています。

ペーパーテストでは、「お話の記憶」、「図形」では同図形、図形の構成、「数量」は選んで数える問題が出題されました。その他「言語」の言葉の音（おん）、「常識」など幅広い分野から出題されています。お子さまの得意、不得意分野を見きわめ、学習計画を立て、しっかりと基礎から学習を重ねることが大切です。また、机の上での学習のみならず、普段の遊び、お手伝いや会話などをうまく使って、楽しみながら学ぶことも成果につながります。

行動観察では自由遊び、指示行動での課題があります。指示行動では口頭試問も同時に実施されたようです。試験に取り組むお子さまの姿を通して、基本的なしつけ、生活習慣、社会性、道徳観が観られるため、日常生活や親子関係から、しっかりとそれらを身に付けさせておくことが大切です。

例年出題されている「食事のテスト」は、一般的な食材を使用したものです。保護者の方は、試験対策として特別なことをするのではなく、ふだんの食事のマナーについて教えてあげてください。常識分野の問題の1つとして、お子さまの日常生活における規範を高めるという意識で指導すれば問題ありません。

〈2020年度選考〉

＜面接日＞

◆アンケート（保護者面接時に提出）
◆保護者面接

＜考査日＞

◆ペーパーテスト
◆個別テスト（口答試問・指示行動・運動）
◆行動観察（集団）
◆給食

◇過去の応募状況

2020年度　男女 169名
2019年度　男女 128名
2018年度　男女 118名

入試のチェックポイント

◇受験番号は…「ランダムに決める」
◇生まれ月の考慮…「なし」

城星学園小学校
帝塚山学院小学校
過去問題集

〈はじめに〉

現在、少子化が叫ばれているにもかかわらず、私立・国立小学校の入学試験には一定の応募者があります。入試は、ただやみくもに学習するだけでは成果を得ることはできません。志望校の過去における出題傾向を研究・把握した上で、練習を進めていくこと、その上で試験までに志願者の不得意分野を克服していくことが必須条件です。そこで、本問題集は小学校を受験される方々に、志望校の出題傾向をより詳しく知って頂くために、過去に遡り出題頻度の高い問題を結集いたしました。最新のデータを含む精選された過去問題集で実力をお付けください。

また、志望校の選択には弊社発行の**「2021年度版　近畿圏・愛知県　国立・私立小学校　進学のてびき」**をぜひ参考になさってください。

〈本書ご使用方法〉

◆出題者は出題前に一度問題を通読し、出題内容などを把握した上で、**〈　準　備　〉**の欄に表記してあるものを用意してから始めてください。

◆お子さまに絵の頁を渡し、出題者が問題文を読む形式で出題してください。問題を読んだ後で、絵の頁を渡す問題もありますのでご注意ください。

◆**「分野」**は、問題の分野を表しています。弊社の問題集の分野に対応していますので、復習の際の目安にお役立てください。

◆問題番号右端のアイコンは、各問題に必要な力を表しています。詳しくは、アドバイス頁（ピンク色の１枚目下部）をご覧ください。

◆一部の描画や工作、常識等の問題については、解答が省略されているものがあります。お子さまの答えが成り立つか、出題者が各自でご判断ください。

◆**〈　時　間　〉**につきましては、目安とお考えください。

◆解答右端の［○年度］は、問題の出題年度です。［2020年度］は、「2019年の秋から冬にかけて行われた2020年度入学志望者向けの考査で出題された問題」という意味です。

◆学習のポイントは、指導の際にご参考にしてください。

◆【おすすめ問題集】は各問題の基礎力養成や実力アップにご使用ください。

〈本書ご使用にあたっての注意点〉

◆文中に**この問題の絵は縦に使用してください。**と記載してある問題の絵は縦にしてお使いください。

◆〈　準　備　〉の欄で、色鉛筆と表記してある場合は12色程度のものを、画用紙と表記してある場合は白い画用紙をご用意ください。

◆文中に**この問題の絵はありません。**と記載してある問題には絵の頁がありませんので、ご注意ください。なお、問題の絵の右上にある番号が連番でなくても、中央下の頁番号が連番の場合は落丁ではありません。

下記一覧表の●が付いている問題は絵がありません。

問題１	問題２	問題３	問題４	問題５	問題６	問題７	問題８	問題９	問題10
問題11	問題12	問題13	問題14	問題15	問題16	問題17	問題18	問題19	問題20
●								●	
問題21	問題22	問題23	問題24	問題25	問題26	問題27	問題28	問題29	問題30
						●		●	●
問題31	問題32	問題33	問題34	問題35	問題36	問題37	問題38	問題39	問題40
●									●

㊢ 先輩ママたちの声！

◆実際に受験をされた方からのアドバイスです。
ぜひ参考にしてください。

城星学園小学校

・ペーパーテストの中で鉛筆の持ち方をチェックされたようです。正しい姿勢や持ち方を心がけ、いろいろな筆記用具に慣れておいた方がいいと思います。

・試験は、ペーパーテストの点数だけでなく、試験に臨む態度をとてもよく観られている印象を受けました。

・面接は和やかな雰囲気で行われました。早く終わる組もあれば長くかかった組もありましたが、面接時間の長さと合否はあまり関係がないように感じました。

帝塚山学院小学校

・説明会では、入学試験についての詳しい説明がありました。ぜひ参加されることをおすすめします。

・給食では全部食べ切れずに残してしまいましたが、ご縁をいただけました。好き嫌いがあることよりも、嫌いなものでも一生懸命食べようと努力した姿勢を見てくださったのかと思いました。

・個別テストでは、運動があるので、動きやすい服装がいいと思います。

〈城星学園小学校〉

◎学習効果を上げるため、前掲の「家庭学習ガイド」及び「合格のためのアドバイス」をお読みになり、各校が実施する入試の出題傾向を、良く把握した上で問題に取り組んでください。
※冒頭の「本書ご使用方法」「ご使用にあたっての注意点」も併せてご覧ください。

2020年度の最新問題

問題1　分野：お話の記憶　聞く　集中

〈準　備〉　鉛筆

〈問　題〉　お話を聞いて、後の質問に答えてください。

今日はたろうくんのお誕生日です。お父さん、お母さんがいっしょにお祝いをしてくれます。テーブルの上にはお母さんが作ってくれたケーキやたろうくんの大好きなハンバーグ、フライドチキン、オレンジジュースが置いてあります。「うわ～、すごくおいしそうだな」とたろうくんは思いました。お母さんが「さっそくいただきましょう」といったので、手を合わせて、自分のお皿にたくさんの料理を載せました。「たろう、そんなにいっぱい食べられるのか？」とお父さんが言うので、「大丈夫だよ」と答えたその時、たろうくんの手がジュースにあたってしまい、少しこぼれたので、たろうくんが着ていた星柄のシャツが汚れてしまいました。お父さんが困った顔で「だから言っただろう」と言いました。たろうくんは悲しくなりました。「今日は誕生日だから悲しい顔しないの」とお母さんが言い、「はい」とたろうくんにプレゼントを渡しました。プレゼントの箱を開けると、ずっと欲しかったロボットのおもちゃが入っていました。「うわ～、ありがとう。実は僕からもお父さんとお母さんにプレゼントがあるんだ」まさか、たろうくんからプレゼントがあるとは思わなかったのでお父さんとお母さんは大変驚きました。お父さんには赤の折り紙で作ったリンゴ、青の折り紙で作った折り鶴、黄色の折り紙で作ったチューリップを、お母さんにはお父さんとお母さんが手をつないでいる絵をプレゼントしました。「たろう、ありがとう」お父さんとお母さんは大変喜びました。

①たろうくんが着ていた服はどれですか。○をつけてください。
②たろうくんが赤い折り紙で折ったものはどれですか。○をつけてください。
③たろうくんが描いた絵の人物で正しい組み合わせはどれですか。
　○をつけてください。

〈時　間〉　各10秒

〈解　答〉　①左端　②左から２番目　③右端

［2020年度出題］

学習のポイント

当校で出題されるお話の記憶の問題で出題されるお話は、いずれもシンプルなものが多いようです。小学校受験の記憶問題にありがちな、志願者を混乱させるようなストーリーでも、お話の登場人物が多いわけでもありません。質問もストーリーに沿ったものですから、「誰が」「何を」「どのように」といった話のポイントを押さえておけば、スムーズに答えられるでしょう。話のポイントを押さえるには、お話を丸暗記しようとするのではなく、お話の場面をイメージするとうまくいくようです。「たろうくんがお父さんに赤・黄・青の折り紙で作ったものをプレゼントした」という文章を覚えようとするのではなく、その場面を頭に思い浮かべるのです。読み聞かせの時に目を閉じて「お話を聞きながらイメージする」練習をしてみてください。慣れるにしたがって記憶できる情報量が増えていくはずです。

【おすすめ問題集】

１話５分の読み聞かせお話集①②、お話の記憶 初級編・中級編・上級編、
Ｊｒ・ウォッチャー19「お話の記憶」

問題２　分野：数量（数を分ける）

考え　観察

〈準 備〉　鉛筆

〈問 題〉　左の四角を見てください。この見本と同じ数のお花を束ねる時、あまりがない花の数に○をつけてください。

〈時 間〉　１分30秒

〈解 答〉　①真ん中　②右端　③左端

［2020年度出題］

学習のポイント

「数を分ける」、分配の問題です。小学校では数字を使って考えますが、小学校入試では数字が使えないので花そのもののイラストを使って考えます。例えばチューリップが７本ということなら、７本のチューリップを描くわけです。ひと目見て、７本あるとわかるお子さまはよいですが、いちいち数えないといくつあるのかわからないお子さまは大変です。何度も数え直すことになります。さて、この問題では小学校受験では本来出てこないはずの「あまり」という言葉を使っています。その是非はともかくとして、「あまり」の意味がわからないと答えられません。もしお子さまがここでつまずいたならおはじきなどの具体物を使って説明してください。花があるようでしたら問題の通りに花束を作ってもよいでしょう。これから先、同様の出題があるとは思えないので、言葉の意味がわかったらそれでよしとしていいでしょう。

【おすすめ問題集】

Ｊｒ・ウォッチャー14「数える」、40「数を分ける」、41「数の構成」

問題3　分野：推理（比較）

考え　観察

〈準 備〉　鉛筆

〈問 題〉　さまざまなものをシーソーに載せて、重さ比べをしました。
この中で２番目に重いものを選んで、右の四角の中に○をつけてください。

〈時 間〉　各１分

〈解 答〉　①ブドウ　②イヌ

［2020年度出題］

学習のポイント

シーソーを使った比較の問題は、当校でもよく出題される分野の１つです。一般的な解き方としては、①それぞれの重さの順位付けをして、②設問にあった解答を選ぶ、ということになります。本問は「２番目に重たいもの」を聞いています。例えば問題①では、５つのシーソーが並んでいます。３つ以上の比較の場合、下に傾いているのがひとつもないものは、１番軽く、逆に上に上がっているものが１つもないものが１番重いというきまりがあります。このきまりから１つひとつのシーソーを見ていくと、１度も上に上がっていないのはリンゴなので、１番重いということがわかります。ブドウはリンゴと比較したシーソー以外は下にあるので、ここで２番目に重いのはブドウということがわかります。ただし、これはあくまで考えるためのポイントであり、全体を比較せずに、ハウツーだけを身に付けても意味はありません。それぞれの重さをしっかりと比べ、順位付けすることを定着させましょう。

【おすすめ問題集】
Ｊｒ・ウォッチャー33「シーソー」

問題4　分野：言語（しりとり）

語彙

〈準 備〉　鉛筆

〈問 題〉　**この問題の絵は縦に使用してください。**
上の四角を見てください。「どんぐり」からしりとりをはじめます。
しりとりがつながるように○をつけてください。
次の矢印の四角の中でも繰り返してください。

〈時 間〉　20秒

〈解 答〉　リス→スイカ→カモメ

［2020年度出題］

学習のポイント

しりとりの問題です。ルールが簡単なしりとりは、言葉を覚えるだけでなく、「～の音で終わる言葉」という形で言葉の音を意識できる、効率のよい学習です。ほかにも同頭音探し（名前の最初が同じ音で始まる言葉）や同尾音探し（語尾が同じ音で終わる言葉）といった言葉遊びがありますから、お子さまの語彙を考えながら、必要に応じて取り入れるようにしてください。さて、この問題は始まる言葉も指示され、選択肢も４つしかないので、かなりわかりやすいしりとりなので、スマートな解き方というものは特にありません。言葉を１つずつあてはめていくということになります。イラストが何を表しているかがわからなければ別ですが、確実に正解したい問題とも言えます。落ち着いて答えましょう。

【おすすめ問題集】

Ｊｒ・ウォッチャー12「日常生活」、17「言葉の音遊び」、
18「いろいろな言葉」、49「しりとり」、60「言葉の音（おん）」

問題5　分野：図形（重ね図形）

集中　観察

〈準備〉　鉛筆

〈問題〉　左の四角を見てください。矢印の方向に点線を折って重ねた場合、正しいものはどれですか。○をつけてください。

〈時間〉　各15秒

〈解答〉　①右から２番目　②左端　③左から２番目

［2020年度出題］

学習のポイント

当校では、例年図形分野の問題が出題されますが、その内容は毎年違います。図形分野の対策学習は幅広く行った方がよいでしょう。今回は重ね図形の問題ですが、２枚の図形を正位置で重ねるのではなく、点線に沿って折り重ねる、いわゆる対称を伴った複合の図形問題です。矢印の方向に重ねた正方形は重なると左右が対称になります。といったことがわかっていればよいのですが、おそらくお子さまは感覚的にしか理解していません。お子さまがピンときていないようなら、実際に、クリアファイルに問題と同じ図形を描いて切り取ってそれを折って見る経験をしてみましょう。説明するよりもお子さまも納得しやすいはずです。

【おすすめ問題集】

Ｊｒ・ウォッチャー35「重ね図形」

問題6　分野：常識

知識

〈準 備〉　鉛筆

〈問 題〉　①上の段を見てください。土の中にできるものはどれですか。
○をつけてください。
②真ん中の段を見てください。描かれている行事の中で、1年の最後に行われる行事は何ですか。○をつけてください。
③下の段を見てください。この中で、成虫はどれですか。○をつけてください。

〈時 間〉　各20秒

〈解 答〉　①左端　②右から2番目　③左から2番目

［2020年度出題］

学習のポイント

常識の問題です。内容的には難しくありませんが、設問が少し変わっています。①では「土の中にできるもの」②では「1年の最後に行われる行事」③では「成虫」という言葉を使っています。言葉の意味がわからなかったお子さまもいるでしょうから、小学校入試で使うのはどうかと思いますが、それはともかくとして、なぜこのような聞き方をしているかと言えば、いわゆるお勉強で得た知識ではなく、経験から得た知識のあるなしを評価したいからでしょう。ニンジンの食べられる部分がどこになるかを見たことがあり、年末にはどんな行事が行われたかを覚えていてほしい、ということです。だからと言って、出題されそうなことをすべて経験するのは無理ですから、できる範囲での経験を積み重ねながら、メディアなども活用して知識を増やしていきましょう。

【おすすめ問題集】

Ｊｒ・ウォッチャー12「日常生活」、27「理科」、34「季節」、55「理科②」

問題7　分野：記憶（見る記憶）

観察　集中

〈準備〉　鉛筆

〈問題〉　（問題7－1の絵を見せる）この絵をよく見て覚えてください。
（15秒後、問題7－1の絵を伏せて、問題7－2の絵を渡す）
今見た絵の中で、描いてあったものに○をつけてください。

〈時間〉　記憶：15秒　解答：30秒

〈解答〉　下記参照

［2020年度出題］

学習のポイント

いわゆる「見る記憶」の問題です。最初に絵を見る時間は15秒と短いので、その時間内に絵全体を覚えようとすると必ずミスをします。覚えきれない場合はまだよいのですが、勘違いをしてしまうと、堂々と誤った解答をすることになります。そんなことにならないようにただ見るのではなく、「観察」しましょう。観察の基本は「全体から細部」です。この問題なら、まず「11個のものがランダムに置かれている」と全体を把握します。次に「左上からタマネギ、水筒、滑り台…」と個々に記憶していくのです。慣れてくれば、「大きなタマネギ」「水色の水筒」といった要領で個々の特徴も覚えられるようになってきます。まれに、写真のように見た光景を記憶できるお子さまがいますが、持って生まれた才能です。真似して身に付くものではありませんので、それを目指す指導はしないことをおすすめします。

【おすすめ問題集】

Ｊｒ・ウォッチャー20「見る記憶・聴く記憶」

問題8　分野：行動観察

集中　協調

〈準備〉　ビニールテープ（スタートとゴールの線をつくる、20メートルほど）
コーン（スタートとゴールの線の間に置く）、ボール（ドッジボールほど）
箱（ゴールに置く）

〈問題〉　**この問題は絵を参考にしてください。**
①ほかのお友だちと２人１組になります。スタートの線に立ってください。
②ボールをほかのお友だちとおなかで挟みます。スタートの線を越えなければ、手を使ってもかまいません。
③真ん中にあるコーンを一周して、ゴールへ向かってください。

〈時間〉　３分

〈解答〉　省略

［2020年度出題］

学習のポイント

この課題のように運動を伴った行動観察は、４～５人で行われることが多いのですが、ここでは２人で行います。２人の場合は１人ひとりの役割が大きいので、手を抜いたり、油断することができません。さらに協調性が必要になります。「手を使わずにおなかでボールを挟んでいっしょに歩く」という動作は言わずもがなでしょう。はじめて会うほかの志願者とうまく行動できるのか、という不安があるとは思いますが、それは志願者全員が感じていることです。コミュニケーションをとりながら積極的に行動し、強引にならなければそれほど悪い評価はされません。あまり心配しすぎないことです。お子さまには「指示をよく聞き、その通りに実行しなさい」とだけアドバイスをしておきましょう。

【おすすめ問題集】
Ｊｒ・ウォッチャー28「運動」、29「行動観察」、新運動テスト問題集

家庭学習のコツ①　「先輩ママのアドバイス」を読みましょう！

本書冒頭の「先輩ママのアドバイス」には、実際に試験を経験された方の貴重なお話が掲載されています。対策学習への取り組み方だけでなく、試験場の雰囲気や会場での過ごし方、お子さまの健康管理、家庭学習の方法など、さまざまなことがらについてのアドバイスもあります。先輩ママの体験談、アドバイスに学び、ステップアップを図りましょう！

問題9　分野：巧緻性・行動観察

集中　聞く

〈準備〉　①クリアファイル、動物の描いてある絵（５枚）
②鉛筆、鉛筆削り、ティッシュ（１枚）、ゴミ箱
③ひも（３本）　④☆、◇が描いてある絵（２枚ずつ）
※ゴミ箱はあらかじめ机の横に置いておく。

〈問題〉　**この問題は絵を参考にしてください。**
※机の上に片面に絵の描いてある紙を５枚、ランダムに置いておく（白紙を表にしたものも混ぜる）。
①絵が描いてある方が表です。５枚すべてを表にしてクリアファイルにしまってください。
（鉛筆、鉛筆削り、ティッシュを渡す）
②今、渡された鉛筆を削ってください。削る時は、ティッシュの上で行ってください。削り終わったら、ゴミを包んで、ゴミ箱へ捨ててください。
（ひも３本を渡す）
③１本で輪を作り、あとの２本は結んでください。
（プリント２枚を渡す）
④絵柄同士を合わし、半分に折ってください。そして、もう半分を折ってください。

〈時間〉　①～④１分

〈解答〉　省略

［2020年度出題］

学習のポイント

生活巧緻性の課題です。作業内容はさまざまですが、一度練習しておけばできる程度のものでしょう。こういった課題は、わざわざ対策しなければならないものではありません。日常生活でひもを結ぶ、整理整頓するといった作業の機会を逃さず、お子さまに与えることで充分対応できる内容です。言い換えると、生活体験を積み重ねれば自然とできてしまうことなのです。わざわざ機会を設けて試験のために作業させるのではなく、家事のお手伝いや身の回りの作業を年齢なりにこなすことを目標にしましょう。保護者の方は、気になるでしょうが、作業の途中で横から手を出したりしないようにしてください。それに慣れてしまうと、お子さまは何かトラブルが起こると作業を止めてしまうようになります。

【おすすめ問題集】
実践ゆびさきトレーニング①②③、Ｊｒ・25「生活巧緻性」、29「行動観察」、30「生活習慣」

家庭学習のコツ②　「家庭学習ガイド」はママの味方！

問題演習を始める前に、試験の概要をまとめた「家庭学習ガイド（本書カラーページに掲載）」を読みましょう。「家庭学習ガイド」には、応募者数や試験課目の詳細のほか、学習を進める上で重要な情報が掲載されています。それらの情報で入試の傾向をつかみ、学習の方針を立ててから、対策学習を始めてください。

問題10　分野：運動

聞く　集中

〈準備〉　ビニールテープ、ボール（ソフトボールより少し大きめのもの）、笛

〈問題〉　**この問題は絵を参考にしてください。**
（あらかじめ、絵を参考に準備した道具を設置する）
①（この課題は４人１組で行う）
これから競争をします。まず、スタートの前で三角座り（体育座り）をして待ちます。次に私（出題者）が笛を鳴らしたら、立ち上がって、四角の枠を両足ジャンプで飛びながら、向こう側のゴールまで行きます。ゴールしたら、みんなが終わるまで三角座りで待っていてください。
②（この課題は20人程度のグループで行う）
線の前に並んでください。先頭の人にボールを手渡ししますから、線から出ないように私に向かって投げてください。ボールを投げる時は、片手で上から投げてください。投げ終わったら、列の後ろに並んでください。次の人も、私がボールを渡すので、同じように投げてください。

〈時間〉　①１分　②５分

〈解答〉　省略

［2020年度出題］

学習のポイント

運動は例年ほぼ同じ内容です。①は両足ジャンプによる競争です。ジャンプする時両足がしっかり揃っているか、跳び移る時にはみ出していないか、テンポよくジャンプできるかなどに気を付けてください。コースが長いので、ある程度の体力も必要になるかもしれません。もちろん、待機中の態度も観られています。運動も行動観察の一部ですから、油断しないようにしてください。②はボールを使った課題です。慣れていないようなら、入試前までに一度練習しておきましょう。相手が取りやすい速さでボールを投げるといった気配りができれば、さらに評価が良くなるかもしれません。並ぶ時に割り込みをしていないかなどといったマナーはもちろんのこと、投げ終わったらすぐ列の後ろに並んでいるかといった集団行動の基本ができているかもチェックの対象です。運動ができればそれでよいとは考えずに行動してください。

【おすすめ問題集】
新 運動テスト問題集、Ｊｒ・ウォッチャー28「運動」

問題11　分野：面接

〈準備〉　なし

〈問題〉　**この問題の絵はありません。**

質問例

【受験者】

・お名前と幼稚園の名前を教えてください。
・担任の先生の名前を教えてください。どんな先生ですか。
・担任の先生の好きなところ、素敵なところはどこですか。
・朝ごはん（昼ごはん）は何を食べましたか。誰と食べましたか。
・家からここまで、どのようにして来ましたか。何のお話をしましたか。
・お父さんのお仕事は何か知っていますか。
・お母さんに叱られる（褒められる）のはどんな時ですか。
・朝起きてからしたことを順番に教えてください。
・春の花（くだもの）の名前を３つ言ってください。
・電車の中でしてはいけないことは、どんなことですか。

【保護者の方へ】

・当校への志願理由を教えてください。
・お子さまの健康状態やアレルギーの有無について教えてください。
・宗教教育についてのお考えを聞かせてください。
・学校説明会や公開授業の感想を聞かせてください。
・お子さまのしつけで気を付けておられることは何ですか。
・ご家庭で受験のために勉強をどのようにされてきましたか。
・（幼児教室に通っている場合）教室の名前を教えてください。
・いじめについて、どう思われますか。
・お子さまのトラブルやケンカにはどう対処されますか。
・最近の社会情勢で気になることを聞かせてください。

〈時間〉　10分

〈解答〉　省略

［2020年度出題］

家庭学習のコツ③　効果的な学習方法～問題集を通読する

過去問題集を始めるにあたり、いきなり問題に取り組んではいませんか？　それでは本書を有効活用しているとは言えません。まず、保護者の方が、すべてを一通り読み、当校の傾向、ポイント、問題のアドバイスを頭に入れてください。そうすることにより、保護者の方の指導力がアップします。また、日常生活のさまざまなことから、保護者の方自身が「作問」することができるようになっていきます。

学習のポイント

面接は、考査日の前に学校から指定された日時で行われます。面接は志願者と保護者２名が面接官２名と話す形式で、10分程度行われました。志願者には、名前や幼稚園のことなどよくある質問のほかに、「春の花（くだもの）の名前を３つ言ってください」と理科的常識の質問がありました。ここ数年こうした質問が続いていますので、動植物に対する年齢相応の知識は持っておいた方がよいでしょう。保護者の方へは、説明会や公開行事についてといった例年と同じ質問が出されます。参加はもちろんですが、具体的な感想も考えておきましょう。立派な志望理由が言えても、行動が伴っていないと判断されると信用されません。また、お子さまのトラブル・緊急時の対応などに関する質問も必ず聞かれるようです。常識的な答えで問題ありませんが、一応は準備しておきましょう。

【おすすめ問題集】

家庭で行う 面接テスト問題集、保護者のための入試面接 最強マニュアル，
新・小学校受験の入試面接Ｑ＆Ａ

問題12　分野：お話の記憶

聞く　集中　考え

〈準 備〉　鉛筆

〈問 題〉　お話を聞いて、後の質問に答えてください。

クマくんが通う小学校では、もうすぐ運動会が始まります。クマくんの学年は運動会でリレーをすることになりました。クマくんはそれを聞いて、嫌な気持ちになりました。クマくんは走るのがとても苦手だったからです。そこでクマくんは、走るのがとても速いライオンくんに、「どうしたらそんなに速く走れるの？」と聞きました。ライオンくんは「ゴールに好きな食べものがあると思って走ると速くなるよ」と言いました。そこでクマくんは、公園で走る練習をする時は、好物のハチミツをゴールにしたベンチの上に置くようにしました。最初はあまり変わりませんでしたが、次の日には少し速くなり、その次の日にもう少し速くなり、だんだん速く走れるようになりました。そうして練習を続けているうちに、とうとう運動会の日がやってきました。綱引きやダンスが終わると、いよいよリレーです。クマくんはウサギさんとキリンくんと同じチームになりました。もう１つのチームはライオンくんとサルくんとキツネさんです。クマくんはチームで最後に走ることになりましたが、ライオンくんのチームはとっくにスタートしていて、かなりの差があります。クマくんはなぜだかちょっと安心して、キリンくんからバトンを受け取って走り出しました。がんばって走っていると、とっくにゴールしたはずのライオンくんがゴールの前で座っています。クマくんが「どうしたの？」と聞くと、ライオンくんは「そこでこけちゃったんだよ」とゴール前にある水たまりを指さして言いました。クマくんは「大丈夫？」と聞きました。「前足を擦りむいちゃったけど、大丈夫だよ」とライオンくんは答えました。「じゃあ、一緒にゴールしようよ」とクマくんが言うと、ライオンくんは立ち上がって走り出し、クマくんと一緒にゴールしました。

①１番上の段を見てください。お話に出てきたのは誰ですか。○をつけてください。
②上から２番目の段を見てください。ライオンくんと同じチームの人は誰ですか。○をつけてください。
③下から２番目の段を見てください。クマくんのすきな食べ物は何ですか。○をつけてください。
④１番下の段を見てください。ライオンくんが擦りむいてしまったのは人間の体ならどこですか。○をつけてください。

〈時 間〉　各10秒

〈解 答〉　①ライオン、キリン、クマ　②サル、キツネ　③ハチミツ　④左端（手）

［2019年度出題］

家庭学習のコツ④　効果的な学習方法～お子さまの今の実力を知る

１年分の問題を解き終えた後、「家庭学習ガイド」に掲載されているレーダーチャートを参考に、目標への到達度をはかってみましょう。また、あわせてお子さまの得意・不得意の見きわめも行ってください。苦手な分野の対策にあたっては、お子さまに無理をさせず、理解度に合わせて学習するとよいでしょう。

学習のポイント

当校のお話の記憶の問題は、小学校受験では標準的な長さで、出題も話の内容からなので答えやすい問題と言えるでしょう。日頃の読み聞かせで「登場人物は～の～人で」「～は～した」といった「事実」を整理しながら聞くクセをつければ、それほど苦労しないはずです。ただし、このような課題は、ほかの志願者もほぼ間違えませんから、ケアレスミスがないように慎重に解答する必要があります。また、登場人物の気持ちを推察する質問や、ストーリーとは直接関係ない分野の質問を聞くといった、応用力が必要な出題も時折ありますので注意しておきましょう。特に常識分野からの出題は、この問題の④のように「（ライオンがけがをしたのは）人間の体ならどこにあたるか」といった意外な切り口のものもあります。生活のなかで機会があるごとに体験したり、常識分野の問題を解くことで知識を蓄えていきましょう。

【おすすめ問題集】

１話５分の読み聞かせお話集①②、１話７分の読み聞かせお話集入試実践編①、
お話の記憶　初級編・中級編・上級編、Ｊｒ・ウォッチャー19「お話の記憶」

問題13　分野：数量（数を分ける）

考え　観察

〈準　備〉　鉛筆

〈問　題〉　**この問題の絵は縦に使用してください。**
それぞれの段で、左の四角にあるものを分ける時、「？」にはいくつのものが入りますか。「？」の横にある四角にその数だけ○を書いてください。

〈時　間〉　２分30秒

〈解　答〉　①○：２　②○：３　③（上段）○：４　（下段）○：２

［2019年度出題］

学習のポイント

小学校に入学すると、「５を２・３に分ける」「10を５と５に分ける」などと、「数の構成」について数字を使って学びますが、小学校受験では数字を使わず、一枚のイラストに描かれているいくつかのものを１つの集合に見立てて、それがどのような数で構成されているかを考えることがあります。ものを数える時、１つずつではなく、いくつかのグループに分けて数えると数える時間が短縮できるからです。この問題は、集合の分解そのものが問題になっていますから、ひと目で10以下の数が認識できるといった数の感覚があればそれほど苦労しないで答えられるのではないでしょうか。絵にチェックを付けたり、指折り数えても構いませんが、入試問題の解答時間は短く、そういった作業をしている時間がない場合も多いようです。あくまで、余裕がある時の解答を見直すための手段として考えましょう。

【おすすめ問題集】

Ｊｒ・ウォッチャー14「数える」、41「数の構成」

問題14　分野：図形（点・線図形）

考え　観察

〈準備〉　鉛筆（赤）

〈問題〉　上の段の左の四角に描いてある糸をピンと張るとどのようになるでしょうか。正しいものを選んで○をつけてください。下の段も同じように答えてください。

〈時間〉　各30秒

〈解答〉　①真ん中　②右

［2019年度出題］

学習のポイント

点と線で構成された図形が解答になるので、図形分野の「点・線図形」の問題としましたが、糸をピンと張るとどのような図形になるか、を考えるという意味では推理分野の要素もあります。内容は難しいものではありませんから、素直に「問題の意味を理解して、結果を想像する」ことができれば正答できるでしょうが、問題文をよく聞いていないとその意味もよくわからない、ということにもなりかねません。小学校入試のペーパーテストは、「年齢相応に持っている知識と思考力」を問い、「知識は生活の場で学べるものに限る」という条件で作られています。言い換えれば、答えた経験のない、応用力を必要とする問題でも、考えれば答えは出るはずなのです。入試の場面ではもちろんですが、ふだんの学習でも、よくわからないからと投げ出さないようにしましょう。

【おすすめ問題集】
Ｊｒ・ウォッチャー１「点・線図形」、31「推理思考」

問題15　分野：言語（言葉の音）

語彙

〈準備〉　鉛筆

〈問題〉　上の段を見てください。左の四角に書いてあるものの名前と最後の音が同じものを右側の四角から選んで、その数だけ真ん中の四角に○を書いてください。下の段も同じように答えてください。

〈時間〉　20秒

〈解答〉　①（クツ）○：３（エンピツ、コタツ、ドーナッツ）
②（ハクサイ）○：２（アジサイ、エビフライ）

［2019年度出題］

学習のポイント

同尾語にあてはまるものの絵を選ぶ問題です。内容は難しいものではありません。指示を理解して、絵の意味するものがわかれば問題なく答えられるでしょう。当校の言語分野の問題は、「年齢相応の語彙」を持っているかをチェックするもので、特別なことを聞く問題ではありません。まず、生活の場で見たり使ったりする言葉の意味や使い方を正確に覚えているかを確認しましょう。その上で、日常生活では触れる機会が少ない、理科分野の動植物の姿・名前や性質を覚えれば、小学校受験の言語の問題に出てくるものの名前はほぼ網羅できるはずです。好奇心旺盛なお子さまなら、絵や映像を見て、知らないものなら、保護者の方に「それは何か」と質問するはずです。保護者の方はそれが「何か」を答える場合に、名称だけなく、その特徴や性質などの知識を添えるようにしてください。効率の良い学習になります。

【おすすめ問題集】
Ｊｒ・ウォッチャー17「言葉の音遊び」、60「言葉の音（おん）」

問題16　分野：運筆

集中

〈準　備〉　鉛筆

〈問　題〉　左側のお手本をよく見て、右側の絵の点線をなぞってください。

〈時　間〉　各15秒

〈解　答〉　省略

［2019年度出題］

学習のポイント

方眼紙に描かれた図形を模写する巧緻性の課題です。本問では鉛筆を使用しますが、入試では黒以外にも赤や青の色鉛筆を使用する問題も出題されています。それ以外にもクレヨンやサインペン、マジックペンなど、小学校受験で使われる筆記用具にはさまざまなものがありますから、経験がないようであれば一度試しておいてください。さて、ここでは方眼紙のマス目を頼って線を引く作業が課題となっています。特に難しいものではありませんが、簡単な作業であるからこそ、ある程度はていねいな仕上がりが求められています。線は、ペン先と終点を交互に見て、線を微調整しながら引いていくとうまく引けます。筆記用具の扱いに慣れ、ある程度経験があれば意識しなくてもできることですが、方眼紙に線を引いた経験がなければなかなか難しいかもしれません。保護者の方がどんな形であれアドバイスをして、お子さまをうまく導いてください。

【おすすめ問題集】
Ｊｒ・ウォッチャー51「運筆①」、52「運筆②」

問題17　分野：常識（マナー・理科的常識）

聞く　公衆

〈準備〉　サインペン

〈問題〉　①動物たちが、電車の中でお話をしています。ウマくんは「かけっこをして遊ぼうよ」と言いました。ウシくんは「電車の中で走っちゃいけないから、おすもうをしよう」と言いました。ゴリラくんは「電車の中はうるさいから、大きな声でお話ししてよ」と言いました。タヌキくんは「ほかの人に迷惑だから、おしゃべりはやめようね」と言いました。
正しいことを言っている動物を選んで、○をつけてください。

②お母さんが「みんなでケーキを食べましょう」と言ってケーキを運んできました。四角いケーキにイチゴが４個のっていて、とてもおいしそうです。「おもちゃを片付けてからにしましょうね」と、お母さんが言うと、ウシくんは「イチゴはぜんぶ僕が食べるんだよ」と言いました。ゴリラくんは「ケーキを食べてからお片付けしようよ」と言いました。タヌキくんは「ゴリラくんのおもちゃなんだからゴリラくんが片付けてよ」と言いました。ウマくんは「みんなで片付けてからケーキを食べようよ」と言いました。
正しいことを言っている動物を選んで、○をつけてください。

③ウマくんとウシくんとゴリラくんとタヌキくんの４人は、水族館に行きました。ペンギンを見ていると、ゴリラくんは「ペンギンは鳥だけど、空を飛べないんだよ」と言いました。タヌキくんは「違うよ。ピンチの時は空を飛ぶんだよ」と言いました。ウマくんは「空を飛べない鳥はいないよ」と言いました。ウシくんは「ダチョウもピンチの時は空を飛ぶんだよ」と言いました。
正しいことを言っている動物を選んで、○をつけてください。

〈時間〉　各20秒

〈解答〉　①右端（タヌキ）　②左端（ウマ）　③右から２番目（ゴリラ）

［2019年度出題］

学習のポイント

動物たちがさまざまな常識について会話するという少し変わった形ですが、生活や動植物に関する知識を問うという点では、ほかの常識分野の問題と変わりはありません。ただし、会話にするとどうしても情報量は多くなり、ポイントがぼやけます。「誰が」「何を」という２つの点だけは聞き逃さないようにしましょう。①は電車の乗車マナーについての問題です。当校に限らず、交通ルールやマナーは小学校入試で頻出する問題ですから、保護者の方はお子さまが納得して身に付けられるようなマナーを教え、手本を示してください。②は生活常識の問題です。この中では「みんなで部屋を片付けてからおやつを食べる」がもっとも常識的な行動でしょう。③は理科的常識の問題です。動植物の生態についても聞かれることが多いので、分野別の問題集などで出題例の多いものを知り、知らないことがあれば、映像などで学習しておきましょう。

【おすすめ問題集】

Ｊｒ・ウォッチャー12「日常生活」、27「理科」、34「季節」、55「理科②」、56「マナーとルール」

問題18　分野：記憶（見る記憶）

観察　集中

〈準備〉　鉛筆
※あらかじめ問題18-1、18-２の絵を枠線と点線に沿って切り分けておく。

〈問題〉　（問題18-１の①の絵を見せる）この絵をよく見て覚えてください。
（15秒後、問題18-１の①の絵を伏せて、問題18-1②の絵を渡す）
①今見た絵の中で、カサが描いてあった場所に○をつけてください。
（問題18-２の①の絵を見せる）この絵をよく見て覚えてください。
（15秒後、問題18-２の①の絵を伏せて、問題18-２②の絵を渡す）
②今見た絵の中で、バスが描いてあった場所に○をつけてください。

〈時間〉　記憶：15秒　解答：30秒

〈解答〉　省略

［2019年度出題］

学習のポイント

６×６のマスの中に配置されたものを覚える問題です。通常の「見る記憶」の問題と違うのは「～があった」ではなく、「～が～にあった」と、位置を覚える必要があることでしょう。最初に絵を見る時間はここでは15秒ですが、その時間内に「（なに）が（どこ）に」という２つの情報を整理することは、お子さまにとって難しいことです。15秒しかないからといって慌ててしまうと、見落としてしまったり、見誤ってしまったりすることがあるので、まずは落ちついて絵を見ることを心がけましょう。最初は全体を俯瞰して「なに」があるかを認識し、次に「どこ」に配置されているかという２段階で記憶していくと情報がスムーズに入ってきます。入試本番には使えませんが、声に出して確認してみるというのも１つの方法です。「カサが上から２番目の段の左から２つ目のマスにある」といった形で耳からも情報が入り、お話の記憶とは逆のパターンで、絵（イメージ）を音（言葉）で補強する形になるでしょう。

【おすすめ問題集】
Ｊｒ・ウォッチャー20「見る記憶・聴く記憶」

問題19　分野：行動観察

集中　協調

〈準備〉　ピアノ、タンバリン、模造紙（１m×１m、２枚）

〈問題〉　この問題の絵はありません。
（この問題は10人程度のグループで行う）
①ピアノで曲を弾きますから、その音楽に合わせて元気よく行進してください。
②（ピアノを演奏している時に）先生がタンバリンを何回か打ちます。タンバリンを打った回数の人数で、置いてある紙の上にのってください。集まる時には、走ってはいけません。
※①②を３回繰り返す。

〈時間〉　３分

〈解答〉　省略

［2019年度出題］

学習のポイント

グループが対象の行動観察では、協調性が観点になります。課題もそれほど複雑なものではありませんから、周りに無関心で突拍子もない行動を取らなければ問題ないでしょう。つまり、課題自体には、それほど大きなねらいがあるわけではないので、この課題が出たらこうするといったマニュアル的な対応は、ここではあまり意味がないということです。行動観察という名前の通り、日頃の行動を推測するために行われると考えてください。そして、お子さまがこうした課題で行うのは、保護者の方の行動をなぞった行動になりがちです。お子さまに「入試だから～しなさい」と言ったところで、ゲームや競争になればそんなことは頭から消えてしまいます。簡単なことではありませんが、保護者の方はふだんの生活からお子さまのロールモデルとなるような行動を取るべきでしょう。

【おすすめ問題集】
Ｊｒ・ウォッチャー29「行動観察」

問題20　分野：巧緻性・行動観察

集中　聞く

〈準備〉　色鉛筆、大きさの違う紙（５枚程度）、ひも（２本、30cm程度）、単語帳（リング式、20枚程度）、リング、ビニール袋
※色鉛筆以外はビニール袋に入れておき、①が終わったあとに渡す。

〈問題〉　（問題20の絵を渡す）
①色鉛筆で絵を塗ってください。その時、次のお約束を守ってください。
・マークがついているところから好きな色で塗ってください。
・ただし、マークが同じところは、同じ色で塗ってください。
・線からはみ出さないようにしてください。
・マークがあるところをすべて塗り終えたら、マークのないところを塗ってください。

（色鉛筆以外の準備物が入ったビニール袋を渡す）
②大きさの違う紙を揃えて重ねてから、半分に２回折ってください。
③単語帳の向きを揃えて、リングを通してください。
④２本の紐を結んで１本にした後、色鉛筆を１つに束ねて結んでください。
⑤レジ袋を畳んで、机の横に置いてください。

〈時間〉　①５分　②～⑤１分

〈解答〉　省略

［2019年度出題］

学習のポイント

①については、指示通りの順番でていねいに作業ができているか、説明をきちんと聞けているかが観られていると考えられます。最初に絵の全体を見て、どこに何のマークがあるか確かめてから色を塗り始めるようにしましょう。このように、指示を最後まで聞いて、何をするか確かめてから行動に移るということは、色塗りだけでなく指示行動全般で必要とされるものです。お子さまが何かを指示された時、話をよく理解した上で、指示通りに動いているかどうかをチェックしておきましょう。②から⑤までの５つの課題は、片付けが自分でできるかが観点です。学校としては当たり前にできてほしいことでしょうから、スムーズに行えるとなお良いでしょう。なお、④の鉛筆を束ねる作業は、丸いタイプの鉛筆だと転がってしまいますから、少し難しいかもしれません。経験がないようなら一度作業してみてください。

【おすすめ問題集】

　Ｊｒ・ウォッチャー29「行動観察」

城星学園小学校　専用注文書

年　　月　　日

合格のための問題集ベスト・セレクション

＊入試頻出分野ベスト３

1st　お話の記憶

集中力　聞く力

2nd　図　形

観察力　思考力

3rd　推　理

観察力　思考力　創造力

近畿圏では応募者数の増加が目立つ、人気の小学校です。入試内容は基礎問題だけではなく、応用問題の出題も見られます。ハウ・ツーを覚えるのではなく、思考力を鍛えるような学習が必要でしょう。

分野	書　名	価格(税抜)	注文	分野	書　名	価格(税抜)	注文
図形	Ｊｒ・ウォッチャー 1「点・線図形」	1,500 円	冊	数量	Ｊｒ・ウォッチャー 41「数の構成」	1,500 円	冊
常識	Ｊｒ・ウォッチャー 12「日常生活」	1,500 円	冊	言語	Ｊｒ・ウォッチャー 49「しりとり」	1,500 円	冊
数量	Ｊｒ・ウォッチャー 14「数える」	1,500 円	冊	巧緻性	Ｊｒ・ウォッチャー 51「運筆①」	1,500 円	冊
言語	Ｊｒ・ウォッチャー 17「言葉の音遊び」	1,500 円	冊	巧緻性	Ｊｒ・ウォッチャー 52「運筆②」	1,500 円	冊
言語	Ｊｒ・ウォッチャー 18「いろいろな言葉」	1,500 円	冊	図形	Ｊｒ・ウォッチャー 53「四方からの観察　積み木編」	1,500 円	冊
記憶	Ｊｒ・ウォッチャー 19「お話の記憶」	1,500 円	冊	常識	Ｊｒ・ウォッチャー 56「マナーとルール」	1,500 円	冊
記憶	Ｊｒ・ウォッチャー 20「見る記憶・聴く記憶」	1,500 円	冊	言語	Ｊｒ・ウォッチャー 60「言葉の音（おん）」	1,500 円	冊
常識	Ｊｒ・ウォッチャー 27「理科」	1,500 円	冊		実践 ゆびさきトレーニング①②③	2,500 円	各　冊
運動	Ｊｒ・ウォッチャー 28「運動」	1,500 円	冊		面接テスト問題集	2,000 円	冊
行動観察	Ｊｒ・ウォッチャー 29「行動観察」	1,500 円	冊		1話5分の読み聞かせお話集①②	1,800 円	各　冊
推理	Ｊｒ・ウォッチャー 33「シーソー」	1,500 円	冊		お話の記憶 中級編・上級編	2,000 円	冊
常識	Ｊｒ・ウォッチャー 34「季節」	1,500 円	冊		新 個別テスト・口頭試問問題集	2,500 円	冊
図形	Ｊｒ・ウォッチャー 35「重ね図形」	1,500 円	冊		新 運動テスト問題集	2,200 円	冊
数量	Ｊｒ・ウォッチャー 40「数を分ける」	1,500 円	冊				

合計	冊	円

（フリガナ） 氏　名	電　話 ＦＡＸ E-mail
住　所　〒　　　－	以前にご注文されたことはございますか。 有　・　無

★お近くの書店、または記載の電話・FAX・ホームページにてご注文をお受けしております。
電話：03-5261-8951　FAX：03-5261-8953　代金は書籍合計金額＋送料がかかります。
※なお、落丁・乱丁以外の理由による商品の返品・交換には応じかねます。

★ご記入頂いた個人に関する情報は、当社にて厳重に管理致します。なお、ご購入の商品発送の他に、当社発行の書籍案内、書籍に関する調査に使用させて頂く場合がございますので、予めご了承ください。

日本学習図書株式会社
http://www.nichigaku.jp

〈帝塚山学院小学校〉

◎学習効果を上げるため、前掲の「家庭学習ガイド」及び「合格のためのアドバイス」をお読みになり、各校が実施する入試の出題傾向を、よく把握した上で問題に取り組んでください。
※冒頭の「本書ご使用方法」「ご使用にあたっての注意点」も併せてご覧ください。

2020年度の最新問題

問題21　分野：数量（選んで数える）　聞く　集中

〈準備〉　鉛筆

〈問題〉　①ウサギとカメは合わせていくつですか。
　右上の四角にその数だけ○をつけてください。
②ウサギとカメはどちらの方が多いですか。
　数が多い分だけ右下の四角に○をつけてください。

〈時間〉　各30秒

〈解答〉　①　○：8　②　○：2

［2020年度出題］

学習のポイント

1～10までの数のものの集合ならそれがいくつあるか一目でわかる（「ウサギが5匹いる」）、2つの集合があればどちらが多いかがわかる（「ウサギよりカメの方が多い」）といった感覚がないと、ほとんどの問題が解答時間内に答えられないようになっています。この感覚は特別なものではなく、小学校受験をする年頃のお子さまには自然と身に付いていることも多いものです。この問題は単純に2つのグループの数の多い・少ないを理解して、どれだけの差ができるかを考えるという基礎的な問題です。最初は指折り数えても、印を付けてもかまいませんが、瞬間的に数の構成、数の多少を把握できる「センス」を身に付けさせることを目標にしましょう。解答時間への対応力を上げるために欠かせない力です。

【おすすめ問題集】
　Ｊｒ・ウォッチャー37「選んで数える」、38「たし算・ひき算1」、39「たし算・ひき算2」

問題22　分野：言語（言葉の音）

聞く　集中

〈準備〉　鉛筆

〈問題〉　上の段の左端の四角の絵を見てください。ニンジンが描かれています。
その下のマス目は言葉の音の数を表していますが、「ん」が入るマス目に○が書いてあります。
ほかの絵の「ん」が入るマス目にも○を書いてください。

〈時間〉　２分

〈解答〉　下図参照

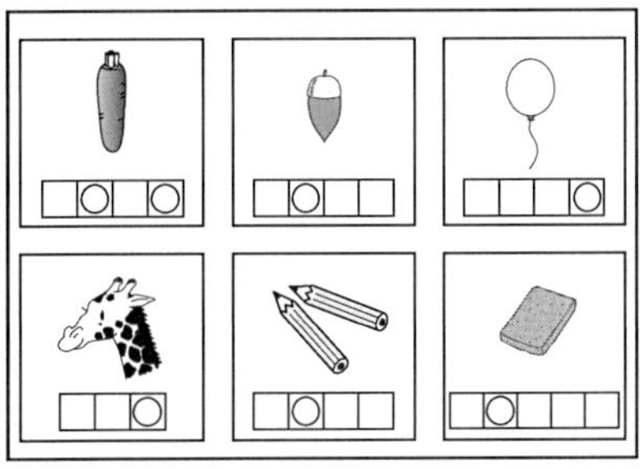

［2020年度出題］

学習のポイント

言葉の音に関する出題ですが、内容は難しいものではありません。もしスムーズに答えられないのなら、語彙がないというよりは、言葉を声に出す機会が少ないのかもしれません。話す機会が少ないとどうしても「音」に関する知識が不足します。文字を使わない言語の学習には実際に人と話すこと、話を聞くことが貴重な経験になりますから、保護者の方はお子さまにその機会を設けるよう意識してください。文字を使って考えればすぐにわかるこのような問題をあえて出題するのは、言葉が音の組み合わせでできているということを理解しているかをチェックしているだけではありません。声に出して言葉を使っているか、さらに言えば、ふだんから会話をしてコミュニケーションをとっているかを観ているのです。

【おすすめ問題集】
Ｊｒ・ウォッチャー17「言葉の音遊び」、18「いろいろな言葉」、
60「言葉の音（おん）」

問題23　分野：常識（知識）

知識

〈準備〉　鉛筆

〈問題〉　（問題23の絵を渡す）
あるものの特徴を３つ言います。その特徴を聞き、何について聞かれていたのか、正しいものに○をつけてください。

①
・大きな爪を持っています
・冬の間、穴に潜って寝ています
・４本の足で歩きます

②
・人を乗せます
・ものすごい音を立てます
・飛びます

〈時間〉　各30秒

〈解答〉　①右から２番目（クマ）　②左端（飛行機）

［2020年度出題］

学習のポイント

なぞなぞ形式で出されるヒントに当てはまるものを自分の知識からさがすという常識の問題です。問題内容自体はそれほど難しいものではありませんが、形式が珍しいので、びっくりしないようにしてください。ヒントの聞き逃しと勘違いに注意です。①は動物の生態に関してです。ほかには、棲息場所、卵生・胎生、類別（鳥類・魚類など）、特徴（飛ぶ哺乳類→コウモリ、光る虫→ホタル）といったところがよく出題されます。②は飛行機についてのヒントが出されていますが、単に乗り物のかたちや名前を知っているだけでは解答できません。乗り物にはそれぞれ役割や特徴があることも理解させたいところです。これらはあくまでお子さまが知っていると思われる知識を聞く問題です。身近にいない動植物は別ですが、できるだけ実物を見る機会を設けてください。

【おすすめ問題集】
Ｊｒ・ウォッチャー27「理科」、34「季節」、55「理科②」

問題24　分野：図形（図形の構成）

観察　考え

〈準備〉　鉛筆

〈問題〉　左端の図形を作る時に、必要のない形があります。
その形を選んで○をつけてください。

〈時間〉　各１分

〈解答〉　①右から２番目　②左から２番目

［2020年度出題］

学習のポイント

見本の図形を作るのに、いらない形を選択肢から探す問題です。基礎的な問題ですから、順序立てて考えましょう。①は選択肢が４つありますから、いらない形は１つではないかと推測できます。つまり「３つの形を組み合わせて見本の形を作る」ということがわかります。次に頭の中で選択肢の図形を動かして、見本の形に重ねていきましょう。この時、図形の角や辺（へん）の向きに注目すると効率がよくなります。同じ角が選択肢にあればそこに重ねるのです。これを繰り返せば選択肢のなかで必要のない形が自然にわかるでしょう。ピンと来ないようでしたら、見本の図形に選択肢の形を書き込んでみてください。実際の入試ではやらない方がよい場合もありますが、結果が一目でわかるの学習の段階では効果的です。

【おすすめ問題集】

Ｊｒ・ウォッチャー３「パズル」、54「図形の構成」

問題25　分野：図形（同図形探し）

集中　観察

〈準備〉　鉛筆

〈問題〉　左の四角に描かれている図形と同じものを選んで○をつけてください。

〈時間〉　45秒

〈解答〉　①右から２番目　②右から２番目

［2020年度出題］

学習のポイント

左端の図形と同じ形の図形を選ぶという図形の基礎問題です。選択肢の形には細かな違いがあるので、よく観察してから答えましょう。まずはそれぞれの特徴に注目してください。①でいうならば、△が飛び出ている箇所が２つあります。このように注目するべきポイントを発見しましょう。それが、１つではないケースもありますが、それらのポイントと１ヶ所でも違えばそれは答えではないということになります。１つの特徴を見比べて答えが出なかった時は、次の特徴へとすぐに切り替えて見比べて行きましょう。解答時間が短いのである程度のスピードも必要です。選択肢の図形には回転しているものもないので、感覚的に見比べて正解したい問題です。

【おすすめ問題集】

Ｊｒ・ウォッチャー４「同図形探し」

問題26　分野：お話の記憶

聞く　集中

〈準備〉　鉛筆

〈問題〉　**この問題の絵は縦に使用してください。**

これからするお話をよく聞いて、後の質問に答えてください。

ウサギくんとカメさんは公園にいます。最初にシーソーをして、次にブランコをしていたのですが、「なんか楽しいことないかな」とウサギくんが言うので、「お買い物に行かない？」とカメさんが提案をしました。ウサギくんは次の日曜日の野球大会があるので、グローブがほしかったことを思い出しました。「じゃあスポーツ用品店にお買い物に行こう」とウサギくんは言いました。バス停で待っていると、緑色のバスがやってきました。席が空いていたので２人は隣同士に座りました。次のバス停に着くと、ライオンのおじいさんが乗ってきました。ウサギくんがライオンのおじいさんのために席を譲りました。おじいさんは「ありがとう」と言ってその席に座りました。次のバス停は目の前に本屋さんがあります。そのバス停に着くと、カメさんが「あ！　本屋さん！」と言ったので、ウサギくんは「どうしたの？」とたずねました。「今日は大好きな本の発売日だった」とカメさんが言うので、このバス停で降りることにしました。本屋さんに入って、カメさんお目当ての本を探しますが、見当たりません。ウサギくんが「ぼく、聞いてきてあげるよ」といい、店主さんに聞いてみたところ、その本は売り切れてしまったそうです。残念でしたが、仕方ありません。カメさんは悲しい顔をしました。「ねえねえ、せっかくだし、バスに乗らずに歩いてスポーツ用品店へ向かおうよ」とウサギくんが言うので、そうすることにしました。道を歩いていると、キレイなサクラが咲いていました。「うわ～すごくきれい」カメさんは大喜び。サクラを見上げながら歩いていると、あっという間にスポーツ用品店へ着きました。

①１番上の段を見てください。ウサギくんは日曜日に何をしますか。○をつけてください。
②上から２番目の段を見てください。２人が乗ったバスは何色でしたか。同じ色のものに○をつけてください。
③上から３番目の段を見てください。２人が途中でバスを降りて、何屋さんへ行きましたか。○をつけてください。
④上から４番目の段を見てください。このお話の季節と同じものはどれですか。○をつけてください。

〈時間〉　30秒

〈解答〉　①左端（野球）　②右端（スイカ）　③右端（本屋）
④左から２番目（おひな様）

［2020年度出題］

学習のポイント

お話の記憶の問題では、お話に登場するものやお話の場面についての常識が問われることがあるので注意してください。中でもお話の舞台となる季節を登場する植物・行事で判断する問題は多く、花・野菜・季節の行事がお話に登場した時は、大抵の場合は「後でお話の季節を聞かれる」と思ってよいでしょう。ただし、これらのことに気を取られて、ストーリーの把握があやふやになると本末転倒です。当校のお話の記憶のストーリーは、同じ年頃の子どもたちの日常生活を舞台としたお話が多く、長さもさほどではありませんから、記憶しやすい部類に入ります。「誰が何を言ったか」「ほかの人とどういう関係なのか」ということをポイントとしてお話を聞きましょう。自分が登場人物、主人公になったつもりで、主人公から見た情景を絵のように思い描きながら聞いてください。内容が整理されて覚えやすくなるはずです。

【おすすめ問題集】

１話５分の読み聞かせお話集①②、１話７分の読み聞かせお話集入試実践編①、お話の記憶 初級編・中級編・上級編、Ｊｒ・ウォッチャー19「お話の記憶」、34「季節」、56「マナーとルール」

問題27 分野：行動観察（自由遊び）

公衆 協調

〈準 備〉 折り紙、積み木、絵本など

〈問 題〉 この問題の絵はありません。
先生に呼ばれるまで、ここでほかのお友だちと自由に遊びましょう。

〈時 間〉 適宜

〈解 答〉 省略

［2020年度出題］

学習のポイント

この課題は次の行動観察の待機場所で行います。本格的な課題ではありませんが、観察はされていますので油断しないようにしてください。「自由遊び」ですから、１人で遊ぶのも自由なのですが、余計なことを考えられたくないのなら、ほかのお友だちと遊んだ方がよいでしょう。自然にほかのお友だちに声をかけたり、いっしょに遊ぶということは積極性や協調性があるというよい評価につながるかもしれません。ただし、トラブルは起こさないでください。優れた志願者を見つけるというよりは、自由に遊んでよいという状況でも、普通に行動できない問題のある志願者をチェックするための課題なのです。

【おすすめ問題集】

Ｊｒ・ウォッチャー23「切る・貼る・塗る」、29「行動観察」、56「マナーとルール」

問題28　分野：行動観察

聞く　集中

〈準備〉　カゴ、衣服（３～４枚バラバラに置く）、ビニールテープ

〈問題〉　**この問題は絵を参考にしてください。**
※先生のお手本を見た後に会話しながら行う。
①ウサギさんの家へ行きましょう（床にテープで作られた曲線の上を歩く）。
②ウサギさんの家に着きました。家が散らかってます。
　畳んで、カゴに入れましょう（服を畳んでカゴに入れる）。
③今日はウサギさんのお誕生日なので、カレーを作ります。
　でも、ウサギさんはジャガイモとニンジンが嫌いです。
　ウサギさんになんて言ってあげるとよいですか。
④もしも自分の嫌いなものが給食に出たらどうしますか。
⑤元の道を使って帰りましょう。

〈時間〉　10分

〈解答〉　省略

［2020年度出題］

学習のポイント

①②⑤は指示行動です。②では巧緻性（器用さ）を観ているのですが、それほど難しいものではありません。③④は口頭試問です。どんな答えでもかまいませんが、会話として成立しているかどうかはチェックしておいてください。質問に対して答えになっていないと問題があります。観点は、自分の考えを自分の言葉で伝えられるかです。入学後に必要とされる重要な観点です。逆に言えば、なにか特別な才能や素質を観ようとしているので、奇をてらう必要はないということです。競争でもないので変わったことをするお子さまもいないと思いますが、試験会場に送り出す際は「ふだんどおりに行動しなさい」と声をかけておきましょう。緊張もほぐれるはずです。

【おすすめ問題集】
　Ｊｒ・ウォッチャー29「行動観察」

問題29　分野：行動観察（グループ）

聞く　協調

〈準備〉　①ボール（ドッジボールほど）、カゴ（２つ、スタートとゴールに置く）、ビニールテープ（スタートとゴールの線を作る、間隔10メートルほど）
②空き缶（20個ほど）

〈問題〉　**この問題の絵はありません。**
※この問題は４人のグループで行う。
①「はじめ」と言ったらお友だちと一緒に、カゴからボールを取り出して、バスタオルにボールを乗せ、バスタオルの端を１人ずつ持って、ゴールへ運んでください。そしてゴールのところに置いてあるカゴにボールを入れてください。
②空き缶をできるだけ高く積んでください。高く積んだチームの勝ちです。

〈時間〉　①適宜　②３分

〈解答〉　省略

［2020年度出題］

学習のポイント

協調性、積極性を観点とした、グループで行う行動観察も当校では行われます。①はタオルにボールを載せて運ぶ課題です。４人でタオルの端をつかむとバランスが取りにくいので、息を合わせる必要があるでしょう。この課題では、集団を引っぱっていく積極性も必要ですが、ほかのお友だちを気遣いも必要です。②は空き缶を高く積みあげていくゲーム形式の課題です。ゲームの勝ち負けと個人の評価は別ですから、結果を気にする必要ありません。ここで観られているのは、勝つためにどのように話し合っているか、役割を決めているかといったプロセスです。お子さまがゲームを楽しめば自然と積極的になり、グループで話し合うでしょう。試験だからとよそ行きの姿勢を取っても仕方ありません。

【おすすめ問題集】
Ｊｒ・ウォッチャー29「行動観察」、30「生活習慣」

問題30　分野：行動観察（マナー）

聞く　公衆

〈準備〉　なし

〈問題〉　**この問題の絵はありません。**
これからみんなで食事をします。食事をする時の注意をいくつか言いますから、よく聞いて守ってください。
①お喋りをしないで、残さずに食べてください。
②食べ終わったら、食器はそのままにして、お姉さんのところに行きましょう。
※お世話をする６年生のお姉さんたちが待機している。
③お茶がなくなったり、お箸やスプーンを落としてしまったら、手を挙げてください。時間内に食べられなかったら、残しても大丈夫です。

〈時間〉　20分程度

〈解答〉　省略

［2020年度出題］

学習のポイント

本年度の食事メニューは、「白ご飯・ハンバーグ・ニンジンの酢の物・野菜のスープ・フルーツポンチ」でした。メニューは年によって違い、量は小学校１年生の半分程度です。嫌いなものは残してもよいという指示が出されていますが、あまり多く残してしまうと、学校に管理が難しいという印象を与えかねません。ほどほどにしておきましょう。アレルギーなどがあれば事前に申告しておいてください。この食事のテストは行動観察の一環として行われます。手を洗い、給食室でみんなと一緒に食事を摂り、食べ終わった人から退室しますが、食べるのが速ければよいというわけではもちろんありません。焦る必要はないでしょう。お箸の持ち方、お茶碗の持ち方、食べ方、食事時のマナーなども観点ですが、それよりも大切なのは指示を理解することです。ここでは食べ始め、食べ終わるとどのようにするかといったことが指示されますから、この点だけはしっかりと守りましょう。

【おすすめ問題集】
Ｊｒ・ウォッチャー29「行動観察」、30「生活習慣」

問題31　分野：保護者面接

〈準 備〉　なし

〈問 題〉　**この問題の絵はありません。**

【アンケート】
・本学院を希望された理由をご記入ください。
・お子さまの好きな遊びは何ですか。
・お子さまの良いところをご記入ください。
・子育てで親としてこだわっていることは何ですか。
・当校への出願は専願ですか、それとも併願ですか。

※面接は保護者のみ。
【面接】
・志望理由をお聞かせください。
・ご家庭のしつけについてお聞かせください。
・お子さまが最近誰かに褒められたことはなんですか。
・この夏、お子さまが成長されたところをお聞かせください。
・子は親の背中を見て育つと言われますが、実践していることはなんですか。
・お子さまは幼稚園のことをよく話しますか。
・家庭でお子さまと接する上で１番気をつけていることはなんですか。
・いじめについてどうお考えですか。また、学校へのご要望はありますか。
・携帯電話を持っているお子さまについてどうお考えですか。
・最後に、これだけは言っておきたいことがありましたら教えてください。

－保護者が当校の卒業生の場合－
・当校に通われていたときのエピソードや印象に残っている出来事をお聞かせください。
・卒業してよかったこと、改善してほしいところについてお聞かせください。

〈時 間〉　10分程度

〈解 答〉　省略

［2020年度出題］

学習のポイント

当校の面接は保護者のみとなっています。出願日に日時を指定され、考査日前に実施されます。校長室にて10分程度行われ、面接官は1名です。待合室での待機中にA４版のアンケート用紙が配布されました。面接では、アンケートや願書に基づいた質問もありますので、聞かれた場合の回答も考えながら記入したほうがよいでしょう。特に、ご家庭でのお子さまの様子と子育ての方針については、アンケートと面接の両方で質問されています。どのようなお子さまに育ってほしいか、そのためにご家庭では何をしているか、言葉にできるように考えておいてください。また、いじめや携帯電話など、お子さまを取り巻く環境についての質問も見受けられます。こうした問題はご家庭ごとにさまざまな意見をお持ちだと思います。ですから、漠然とした解答ではなく、具体的な考えや場面、保護者の方の経験などを挙げて、説得力を持たせるようにしてください。

【おすすめ問題集】
保護者のための入試面接 最強マニュアル、新・小学校受験の入試面接Ｑ＆Ａ

問題32　分野：数量（同数発見）

聞く　集中

〈準 備〉　サインペン

〈問 題〉　左の四角の絵の積み木と、同じ数の絵はどれでしょう。右の四角の絵の中から選んで○をつけてください。

〈時 間〉　各30秒

〈解 答〉　①左端　②右から２番目　③右から２番目
④右から２番目　⑤左端

［2019年度出題］

学習のポイント

絵の左端の積み木と同じ個数のものを右の四角から見つける問題です。積み木と、それ以外のものの複数の絵があり、かなりややこしい見た目になっています。まず、積み木の個数ですが、積み木を数える時は、イラストの視点によって、見えない積み木があることに注意すること。そのほかのバラバラに置かれているものは、「上から」「左から」と順番に数えること。この２つを守れば重複や数え忘れを防げます。なお、ケアレスミスをしないように、数えたものに「☑」を付けたり、指で押さえながら問題に答えるのはかまいませんが、手間を欠けすぎると解答時間が足りなくなってしまい、逆に慌てることになりかねません。「直感でいくつあるかがわかる→答える→数を数えながら答えを確かめる」という手順で解答することが理想的ですが、最初の段階では具体物を使って確認しながらでもかまいません。正確に数えることを心がけましょう。

【おすすめ問題集】

Ｊｒ・ウォッチャー14「数える」、16「積み木」、36「同数発見」

問題33　分野：言語（しりとり）

聞く　集中

〈準　備〉　サインペン

〈問　題〉　マスの中にさまざまな絵があります。左上の矢印からしりとりで絵をつなげて、右下の矢印まで行くように線を引いてください。縦と横にしか進めません。

〈時　間〉　２分

〈解　答〉　下図参照

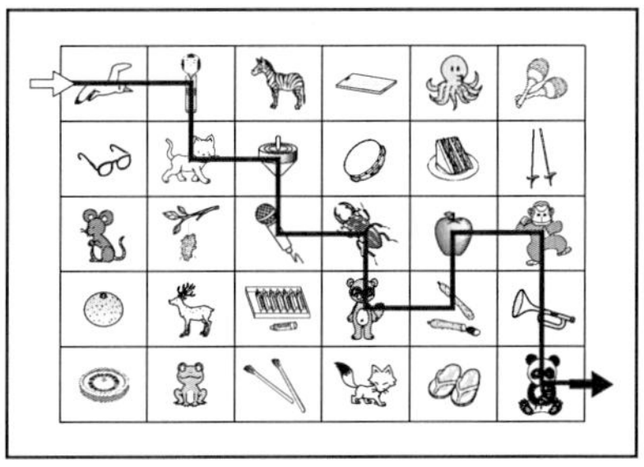

［2019年度出題］

学習のポイント

しりとりをしながら（言語）、ゴールまでの経路を探し（迷路）、その道順に線を引く（運筆）という、３つの要素が入った複合問題です。絵に描いてあるものの名前を知っていないと答えることはできないので、お子さまの語彙の豊かさも問われている言ってよいでしょう。この問題の難しいところは、答えを考えていくとどちらを選んでもよいという分岐が出てくることです。判断に迷った時はいきなり線を引き始めるのではなく、ゴールからスタートへと逆に辿って解いてみましょう。なお、しりとりに限らず、同頭音探し（名前の最初が同じ音で始まる言葉）や同尾音探し（語尾が同じ音で終わる言葉）といった言葉遊びは遊び感覚で行えるすぐれた学習方法です。言葉はふだんの生活の場面で学ぶものですが、なかなか言葉の音（おん）にまでは注意が及びません。こうした言葉遊びを通して、言葉が音（おん）の集まりであることを知り、言語分野の問題にもスムーズに答えられるようにしましょう。

【おすすめ問題集】

Ｊｒ・ウォッチャー17「言葉の音遊び」、18「いろいろな言葉」、
49「しりとり」、60「言葉の音（おん）」

問題34　分野：常識（マナー）　知識

〈準 備〉　クーピーペン（赤・青・黒）

〈問 題〉　①ご飯の並べ方で、正しいのはどれですか。１番上の段から選んで、黒のクーピーペンで○をつけてください。
②お箸の持ち方で、正しいのはどれですか。２選目の段から選んで、青のクーピーペンで○をつけてください。
③ハサミを人に渡す時に、正しいのはどれですか。１番下の段から選んで、赤のクーピーペンで○をつけてください。

〈時 間〉　各30秒

〈解 答〉　①右から２番目　②右端　③右から２番目

［2019年度出題］

学習のポイント

マナーに関する常識問題です。マナーやルールは、「なぜそのようなマナー（ルール）があるのか」を、そのものと合わせて教えると記憶に残りやすくなります。①では、主食であるごはんの茶碗を、利き手の反対（多くは左手）で取りやすいように左側に置き、反対側に汁ものの椀、おかずの皿は手で持つことはないので奥へ、お箸は、利き手（多くは右手）で取りやすいように頭を右に向けて配置するのが基本です。②では、お箸は先でものを挟むのが基本的な使い方です。真ん中のイラストの「握り箸」では先端をうまく開閉できず、ものを上手につまめません。左のイラストの持ち方は箸が交差して大きく開いてしまうため、小さなものをつまむことが大変難しくなります。③では、「渡す相手に危険がないように」刃を閉じた上で、柄の方を相手に向けて渡すのが正解です。入試対策に限らず、ふだんの躾でも、「理由」を説明してあげることで、お子さまはルールやマナーを知り、実践できるようになるでしょう。

【おすすめ問題集】

Ｊｒ・ウォッチャー29「行動観察」、30「生活習慣」、56「マナーとルール」

問題35　分野：図形（対称・重ね図形・合成）　観察　考え

〈準 備〉　クーピーペン（赤、青、黄、緑、黒）

〈問 題〉　（問題35-１の絵を渡す）
①左側の絵を真ん中の線でひっくり返した時、どのような形になるでしょうか。黒のクーピーペンで右側に書いてください。
②重なった形のうち、１番上にあるものを下の四角の中から選んで黒のクーピーペンで○をつけてください。
（問題35-２の絵を渡す）
③上の段の左側を見てください。この形を作るのに必要な絵を、右側から２つ選んで赤のクーピーペンで○をつけてください。
④下の段の左側を見てください。この形を作るのに必要な絵を、右側から２つ選んで赤のクーピーペンで○をつけてください。

〈時 間〉　各30分

〈解 答〉　①省略　②左下　③左から２番目、右端　④左端、右端

［2019年度出題］

学習のポイント

①は線対称、②は重ね図形、③④は図形の構成の問題です。内容としてはどれも標準的なもので、対策学習を行っていればスムーズに答えられるでしょう。当校入試における図形分野の問題の特徴は、図形を回転させたり、２つの図形を組み合わせたりするなど、「図形を操作する」問題が頻出することです。図形を操作するには、小学校受験で出題される基本的な図形の特徴や性質を理解しておく必要があります。「同じ大きさの正方形を４つ集めると４倍の大きさの正方形になる」「同じ大きさの直角三角形を組み合わせると長方形になる」「三角形を90度回転させると頂点の向きも90度回転する」といったことは、言葉で覚えておく必要はありませんが、本問のような図形の問題を数多く解く、あるいは市販のパズルなどを使って視覚的に覚えておくべきでしょう。

【おすすめ問題集】

Ｊｒ・ウォッチャー８「対称」、35「重ね図形」、45「図形分割」
、54「図形の構成」

問題36　分野：常識

聞く　集中

〈準備〉　サインペン

〈問題〉　①左の四角の中のものと、同じお話に出てこないものを、右の四角の中から選んで、○をつけてください。
②左の四角の中の生きものと、仲間の生きものを、右の四角の中から選んで、○をつけてください。
③左の四角の中の道具と、同じ時に使う道具を、右の四角の中から選んで、○をつけてください。
④左の四角の中のものと、使う時に同じ言葉になるものを、右の四角の中から選んで、○をつけてください。
⑤左の四角の中のものと、同じ季節のものを、右の四角の中から選んで、○をつけてください。

〈時間〉　各30秒

〈解答〉　①右から２番目、右端　②左から２番目　③真ん中、右端
④左端、真ん中　⑤左から２番目、右端

［2019年度出題］

学習のポイント

常識分野の問題です。昔話、生きものや道具の仲間探し、言語の知識、季節と、年齢相応の知識のありなしが観点です。①では「さるかに合戦」に登場しない人物が問われています。「さるかに合戦」をはじめ、「桃太郎」「一寸法師」「かぐや姫」など、有名な昔話については、読み聞かせなどをしておいてください。②は「飛ばないトリ」を探します。よく出題されるテーマなので、知らないようであれば復習して知識を身に付けておきましょう。③では「野球」に使う道具を選びます。④は「きる」という同じ音（おん）の動詞を使うものが聞かれています。⑤では見本と同じ「季節」のものを聞かれています。小学校入試の常識分野では「３月～５月」を春、「６月～８月」を夏、「９月～11月」を秋、「12月～２月」を冬とする、というルールになっています。最近の気候とは少し違うので実感はないかもしれませんが、知識として入れておきましょう。

【おすすめ問題集】

Ｊｒ・ウォッチャー11「いろいろな仲間」、12「日常生活」、
18「いろいろな言葉」、27「理科」、30「生活習慣」、34「季節」、55「理科②」

問題37　分野：図形（パズル）

集中　観察

〈準備〉　鉛筆

〈問題〉　左の四角に描いてある見本の絵を作る時、右側の形のどれが「？」に入りますか。正しいものを選んで○をつけてください。

〈時間〉　45秒

〈解答〉　下図参照

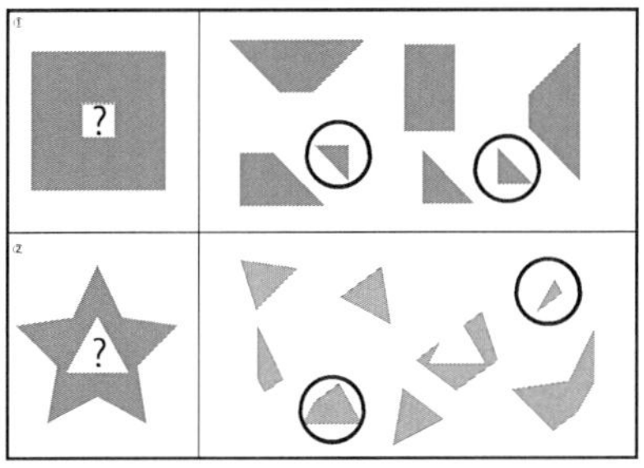

［2019年度出題］

学習のポイント

小学校受験では、「図形を頭の中で、回転させたり、ひっくり返しする」といったことを「図形を操作する」と言います。図形の合成や回転、鏡図形といった問題には必要なプロセスの１つですが、ほとんどのお子さまにとって、いきなりはできることではありません。まずは問題のイラストと同じ絵から図形を切り抜き、実際に動かしみましょう。図形を操作することだけでなく、図形に関する様々な知識、例えば、正三角形を２つまたは４つ組み合わせると正方形になるといったことが頭に自然と入ってきます。問題のイラストを切り抜くのが面倒なら、タングラムなど、市販の知育教材を使ってみるのもよいでしょう。初級からかなりレベルの高いものまでさまざまですから、お子さまのレベルに合ったものを選べます。なお、この問題は図形問題としては基礎的な問題です。この程度の問題なら、直感的に答えられるように図形問題に慣れておきましょう。

【おすすめ問題集】

Ｊｒ・ウォッチャー３「パズル」、９「合成」、45「図形分割」、54「図形の構成」

問題38　分野：お話の記憶

聞く　集中

〈準　備〉　鉛筆

〈問　題〉　**この問題の絵は縦に使用してください。**

これからするお話をよく聞いて、後の質問に答えてください。

夏休みのある日のこと、ヒロくんと妹のみいちゃんは、おばあちゃんの家に遊びに行きました。おばあちゃんの家は遠くにあるので、長い時間電車に乗っていかなければなりません。でも、窓の外の景色が変わっていく様子を見ていたヒロくんと妹のみいちゃんには、その時間はあっという間に過ぎたように感じました。おばあちゃんは「よく来たね」と言って、ヒロくんとみいちゃんの頭を撫でました。「おばあちゃん、小学校のプールへ行こうよ！」とヒロくんが誘いました。プールに着くと、ヒロくんは「やっほーい」と声をあげて一気に飛び込みました。ザブーンと大きな音がして、近くの木で鳴いているセミの声が一瞬止みました。みいちゃんは足からゆっくり浸かりました。おばあちゃんはプールそばに置いてある椅子に座っています。プールからの帰り道、ピーヒャラ、ピーヒャラと笛の音が聞こえてきました。「何の音？」と、ヒロくんがに聞くと「近くの神社のおまつりの音だね」とおばあちゃんが答えました。神社に行くと、屋台がたくさん並んでいます。ヒロくんは輪投げをして、景品のイヌのおもちゃをもらいました。みいちゃんはたこ焼きをおばあちゃんに買ってもらい、屋台のそばにあるイスに座って食べました。ヒロくんは、焼きそばを買ってもらったようです。おばあちゃんの家に帰ると「冷やしておいたのよ、食べてね」と言って、スイカを出してくれました。ヒロくんとみいちゃんはよろこんで食べました。夜になり、外は真っ暗になりました。窓から見える空にはキラキラと満天の星が輝いています。「僕の部屋からもこんなふうにたくさんのお星さまが見えたらきれいだろうなぁ」とヒロくんはうらやましそうに言いました。みいちゃんも星空があまりにきれいなので驚いているようです。するとおばあちゃんが来て「おや、まだ寝ていないのかい。じゃあ、みんなに物語を聞かせてあげるから、終わったら寝るんだよ」と言い、「昔、昔、あるところに」と話始めました。それは、タケから生まれたお姫様が月に帰るというお話でした。楽しい時間は、あっという間に過ぎていき、２人もおばあちゃんがお話してくれた物語のお姫様のように帰らなければなりません。２人が悲しんでいると、おばあちゃんは「お正月にもおいでよ」と言って、２人を見送ってくれました。

①１番上の段を見てください。プールはどこにありましたか。○をつけてください。
②上から２番目の段を見てください。プールの近くで鳴いてのはどのような生きものですか。○をつけてください。
③上から３番目の段を見てください。ヒロくんが夏祭りで買ってもらったものは何ですか。○をつけてください。
④上から４番目の段を見てください。おばあちゃんが出してくれた果物と似た実のなり方をする果物に○をつけてください。

〈時　間〉　30秒

〈解　答〉　①右端（小学校）　②右から２番目（セミ）　③右端（焼きそば）
④左端（メロン）

［2019年度出題］

学習のポイント

お話の記憶の問題では、お話に登場するものやお話の場面についての常識が問われることがあるので注意してください。中でもお話の舞台となる季節を登場する植物・行事で判断する問題は多く、花・野菜・季節の行事がお話に登場した時は、大抵の場合は「後でお話の季節を聞かれる」と思ってよいでしょう。ただし、これらのことに気を取られて、ストーリーの把握があやふやになると問題を答える立場としては本末転倒です。当校のお話の記憶のストーリーは、登場人物は子どもで、日常生活を舞台としたお話が多く、長さもさほどではありませんから、記憶しやすい部類に入ります。「誰が何を言ったか」「ほかの人とどういう関係なのか」ということをポイントとして、自分が登場人物、主人公になったつもりで、主人公から見た情景を絵のように思い描きながら聞いてください。混乱することが少なくなります。

【おすすめ問題集】

１話５分の読み聞かせお話集①②、１話７分の読み聞かせお話集入試実践編①、お話の記憶 初級編・中級編・上級編、Ｊｒ・ウォッチャー19「お話の記憶」、34「季節」、55「理科②」、56「マナーとルール」

問題39　分野：制作・口頭試問

話す　集中

〈準備〉　クレヨン、踏切の遮断機が降りる音の音源、再生機器

〈問題〉　※クレヨンと問題39の絵はあらかじめ渡しておく。

①カサの持ち手のところを好きな色で塗ってください。
②カサに好きな絵を描き、絵の周りに色を塗ってください。
③「今描いたカサはどんなカサですか」（絵を見ながら説明してもらう）
④（絵を手に持たせて）「雨が降ってきました。カサをさしてください。一緒に出かけましょう」（テスターが志願者の横に来て一緒に歩く）
⑤（踏切の遮断機が降りる音を鳴らして）「駅の近くに来ました。電車に乗る時に、注意することを２つ言ってください」
⑥歩きながら以下の質問を受ける。
「最近、お家の人にほめられたことはなんですか」
「どんな時に注意されますか」
「注意されたらどうしますか」
「おうちではどんなお手伝いをしますか」
「お友だちとはどんな遊びをしますか」
「お友だちが困っていたらどうしますか」

〈時間〉　絵を描く時間：10分、質問：適宜

〈解答〉　省略

［2019年度出題］

学習のポイント

当校の制作の課題では、制作した絵について発表をしたり、質問をされたりしますので、自分が描いたものについて、「それは何なのか」答えらえるようにしておいてください。また、その答えに対して、さらにもう一歩踏み込んだ質問が加えられる場合もあります。その絵を描いた理由や、その絵にまつわるエピソードなどを、ひと言加えられるようにしておくとよいでしょう。後半の口頭試問は、志願者面接の代わりに行われているものです。よほどのことでなければ内容は評価の対象ではなく、「聞かれていることを理解して、それに対する正しい答えを言う」という、会話のキャッチボールさえできれば悪い評価は受けません。印象付けようとして変わったことを言う必要もないでしょう。試験前にはお子さまに「質問や話をよく聞いて理解するように」とアドバイスしてください。

【おすすめ問題集】

実践ゆびさきトレーニング①②③、新口頭試問・個別テスト問題集、
Ｊｒ・ウォッチャー23「切る・貼る・塗る」、29「行動観察」、
56「マナーとルール」

問題40　分野：行動観察

聞く　集中

〈準　備〉　紙風船（適宜）、画用紙（青色・適宜）、ジャンケン、くだものなどマークが描かれた紙（適宜）

〈問　題〉　**この問題の絵はありません。**

※この問題は５名程度のグループで行う。あらかじめ準備したもののうち、ボールとコップ以外の道具を志願者全員に渡す)

①お友だちと一緒に、２人で青い紙の端を、紙風船が落ちないように持ってください。

②先生が言うマークの場所に紙風船を落としてください（以下、「チョキ」「グー」「リンゴ」「バナナ」などのマークを指示する）。

〈時　間〉　①～③５分　④３分

〈解　答〉　省略

［2019年度出題］

学習のポイント

集団が対象の行動観察の問題です。特に難しい課題ではありませんから、指示を理解してその通りに行動すれば問題ありません。こういった課題では、目立とうとして「場を仕切ろう」とする志願者が時々いますが、ほかの志願者の意見をよく聞かなかったり、指示を守っていなかったりすれば、「悪目立ちする」ことになってしまいます。学校はリーダーばかりを入学させたいと思っているわけではないので、強引なコミュニケーションを取る志願者に良い評価はしないこともあります。試験前のお子さまには、「叱られるようなことはしない」「ほかの志願者に思いやりを持って行動する」といったアドバイスをしておけばよいでしょう。そうすれば、こうした行動観察で「悪目立ち」はしないはずです。

【おすすめ問題集】

Ｊｒ・ウォッチャー29「行動観察」

帝塚山学院小学校　専用注文書

年　　月　　日

合格のための問題集ベスト・セレクション

＊入試頻出分野ベスト３

1st　お話の記憶

集中力　聞く力

2nd　図　形

観察力　思考力

3rd　行動観察

聞く力　話す力　協調性

入試内容は基礎問題中心です。偏りはあまりないので各分野の基礎をまんべんなく学びましょう。
行動観察は、内容が濃く、時間をかけて行われます。対策は過去問を中心に怠りなく行ってください。

分野	書　名	価格(税抜)	注文	分野	書　名	価格(税抜)	注文
図形	Ｊｒ・ウォッチャー３「パズル」	1,500円	冊	常識	Ｊｒ・ウォッチャー34「季節」	1,500円	冊
図形	Ｊｒ・ウォッチャー４「同図形探し」	1,500円	冊	図形	Ｊｒ・ウォッチャー35「重ね図形」	1,500円	冊
図形	Ｊｒ・ウォッチャー８「対称」	1,500円	冊	数量	Ｊｒ・ウォッチャー36「同数発見」	1,500円	冊
図形	Ｊｒ・ウォッチャー９「合成」	1,500円	冊	数量	Ｊｒ・ウォッチャー37「選んで数える」	1,500円	冊
常識	Ｊｒ・ウォッチャー11「いろいろな仲間」	1,500円	冊	図形	Ｊｒ・ウォッチャー45「図形分割」	1,500円	冊
数量	Ｊｒ・ウォッチャー14「数える」	1,500円	冊	言語	Ｊｒ・ウォッチャー49「しりとり」	1,500円	冊
数量	Ｊｒ・ウォッチャー16「積み木」	1,500円	冊	図形	Ｊｒ・ウォッチャー53「四方からの観察　積み木編」	1,500円	冊
言語	Ｊｒ・ウォッチャー17「言葉の音遊び」	1,500円	冊	図形	Ｊｒ・ウォッチャー54「図形の構成」	1,500円	冊
言語	Ｊｒ・ウォッチャー18「いろいろな言葉」	1,500円	冊	常識	Ｊｒ・ウォッチャー55「理科②」	1,500円	冊
記憶	Ｊｒ・ウォッチャー20「見る記憶・聴く記憶」	1,500円	冊	常識	Ｊｒ・ウォッチャー56「マナーとルール」	1,500円	冊
巧緻性	Ｊｒ・ウォッチャー23「切る・貼る・塗る」	1,500円	冊	言語	Ｊｒ・ウォッチャー60「言葉の音（おん）」	1,500円	冊
常識	Ｊｒ・ウォッチャー27「理科」	1,500円	冊		1話5分の読み聞かせお話集①②	1,800円	各　冊
行動観察	Ｊｒ・ウォッチャー29「行動観察」	1,500円	冊		新 個別テスト・口頭試問問題集	2,500円	冊
行動観察	Ｊｒ・ウォッチャー30「生活習慣」	1,500円	冊		面接最強マニュアル	2,000円	冊

合計	冊	円

（フリガナ） 氏　名	電　話 ＦＡＸ E-mail
住 所　〒　　　－	以前にご注文されたことはございますか。 有　・　無

★お近くの書店、または記載の電話・FAX・ホームページにてご注文をお受けしております。
電話：03-5261-8951　FAX：03-5261-8953　代金は書籍合計金額＋送料がかかります。
※なお、落丁・乱丁以外の理由による商品の返品・交換には応じかねます。

★ご記入頂いた個人に関する情報は、当社にて厳重に管理致します。なお、ご購入の商品発送の他に、当社発行の書籍案内、書籍に関する調査に使用させて頂く場合がございますので、予めご了承ください。

日本学習図書株式会社
http://www.nichigaku.jp

問題 1

☆城星学園小学校

①

②

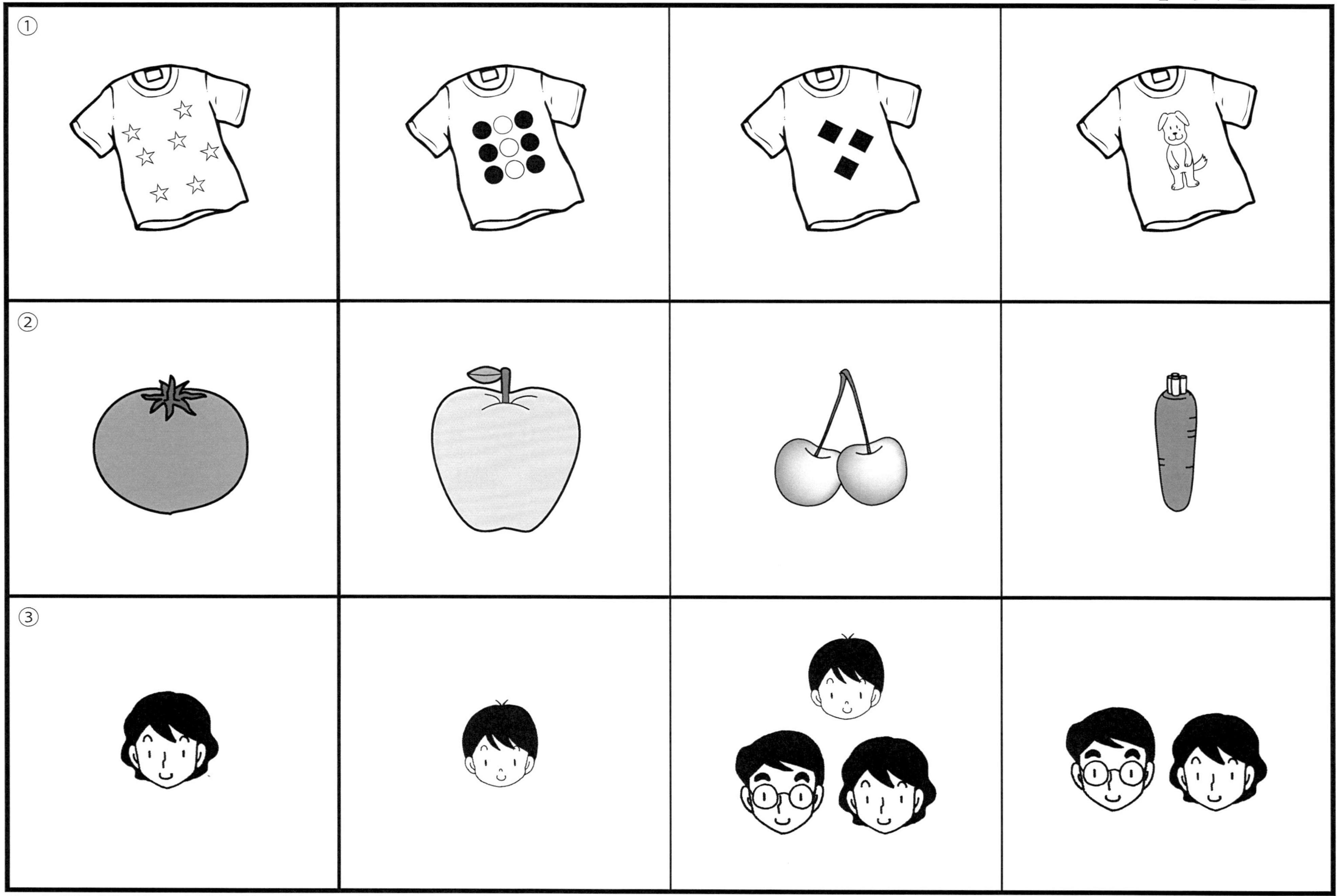

☆城星学園小学校

問題2

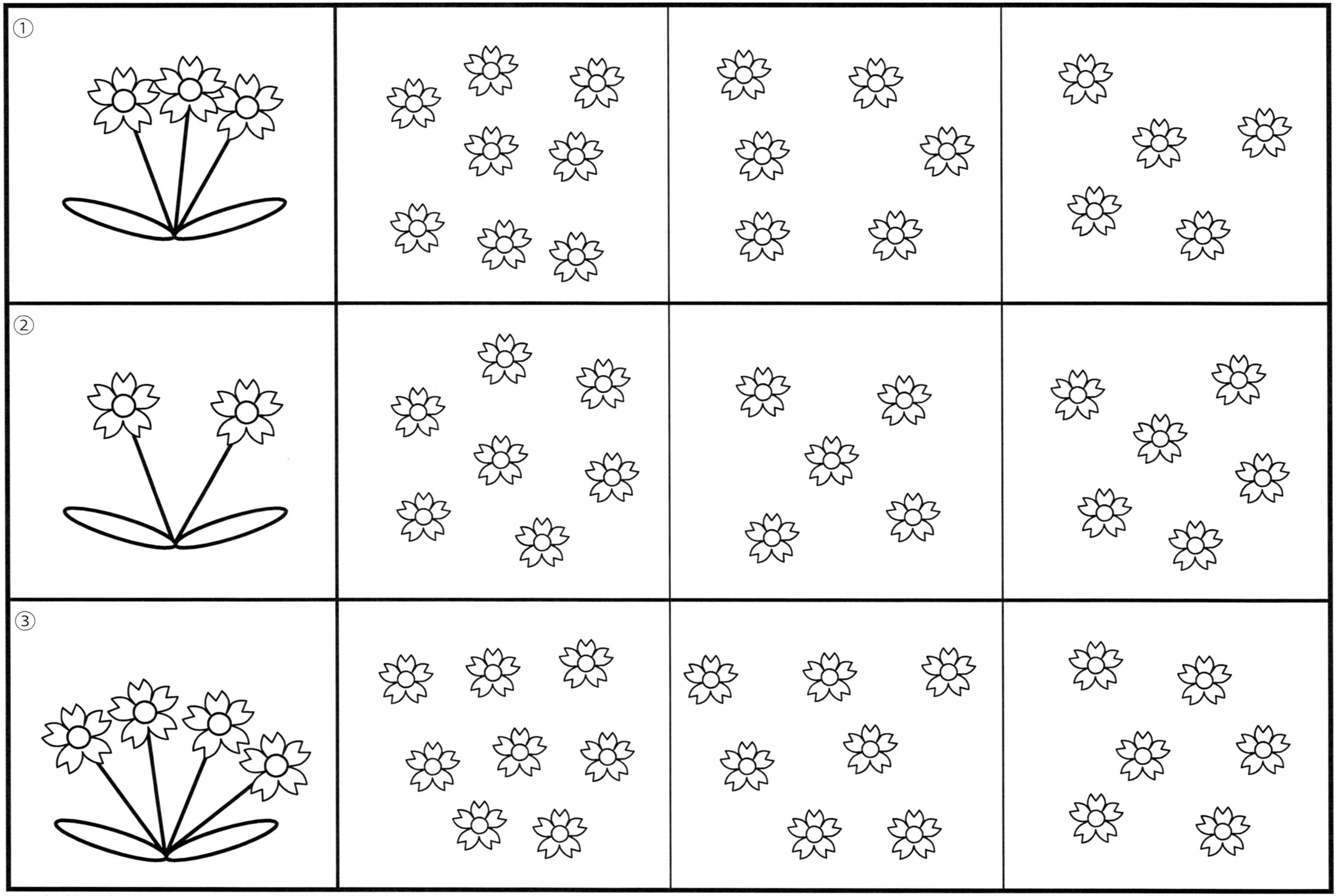

日本学習図書株式会社

☆城星学園小学校

問題3

①

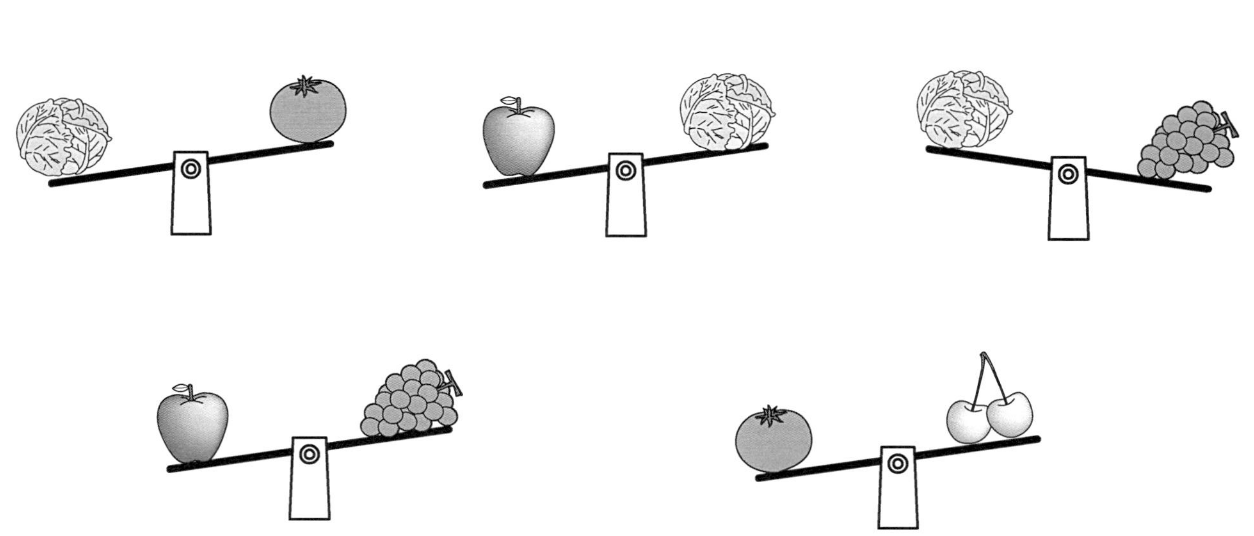

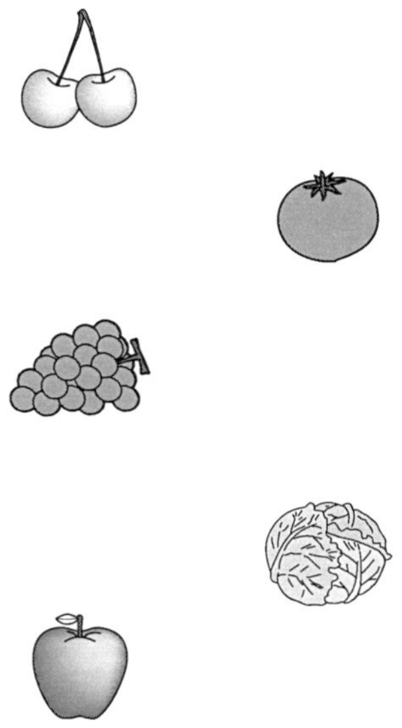

②

☆城星学園小学校

2021 年度版 城星学園・帝塚山学院 過去 無断複製／転載を禁ずる 日本学習図書株式会社

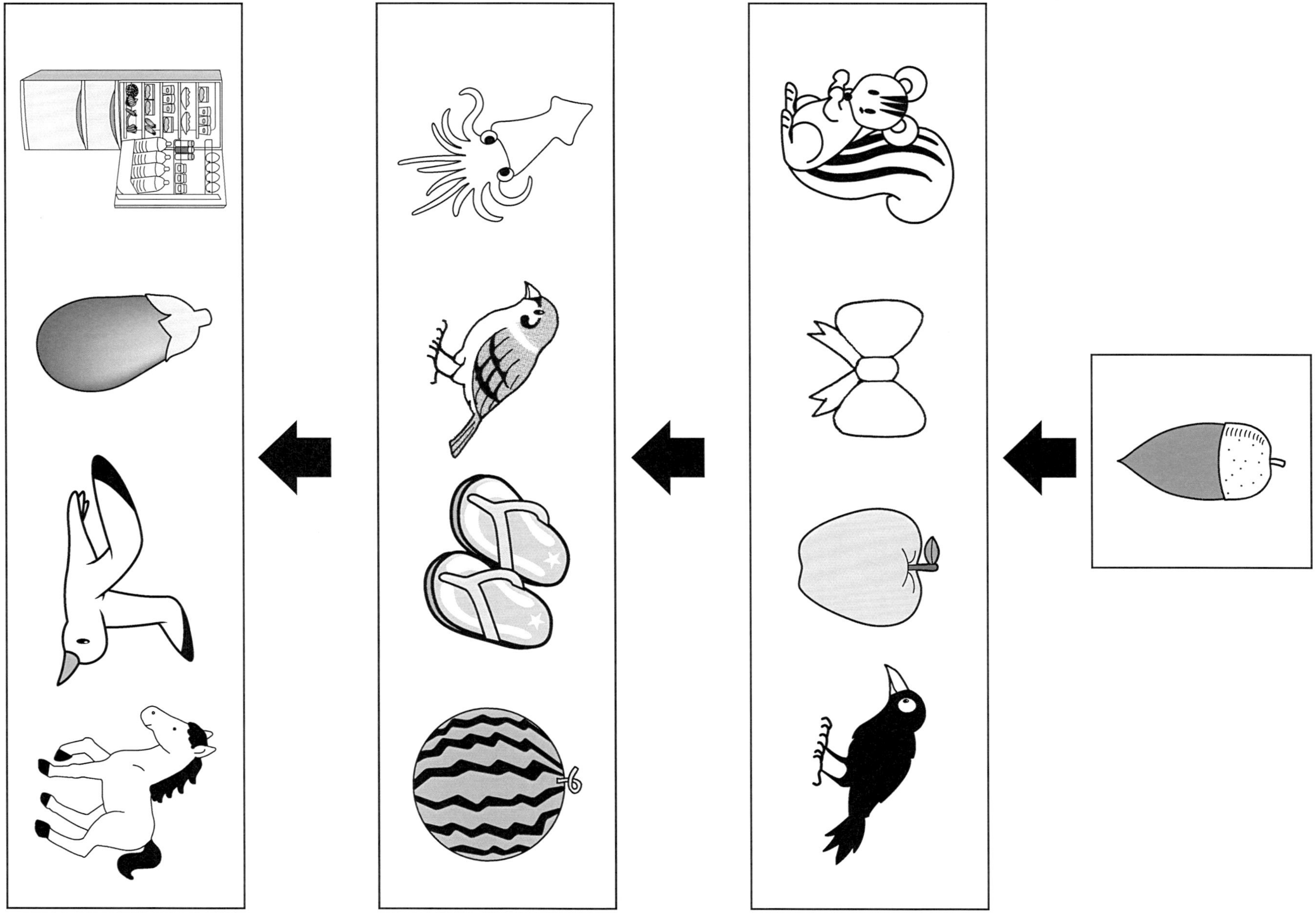

問題 5

☆城星学園小学校

①

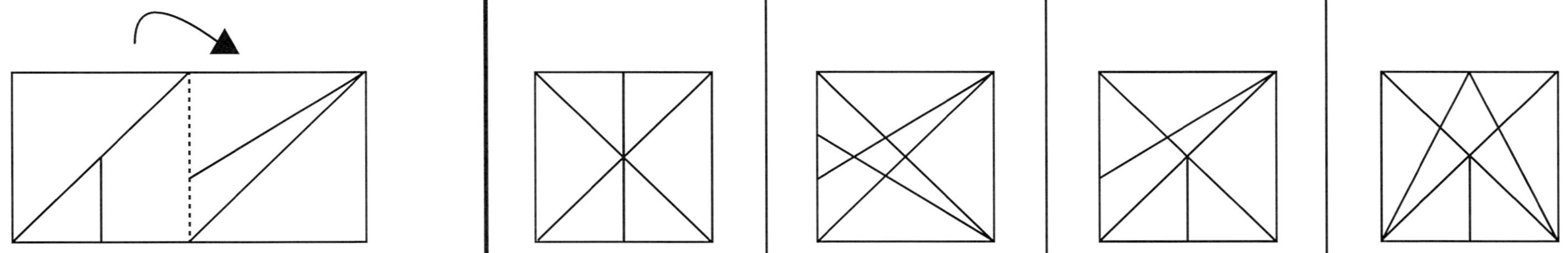

②

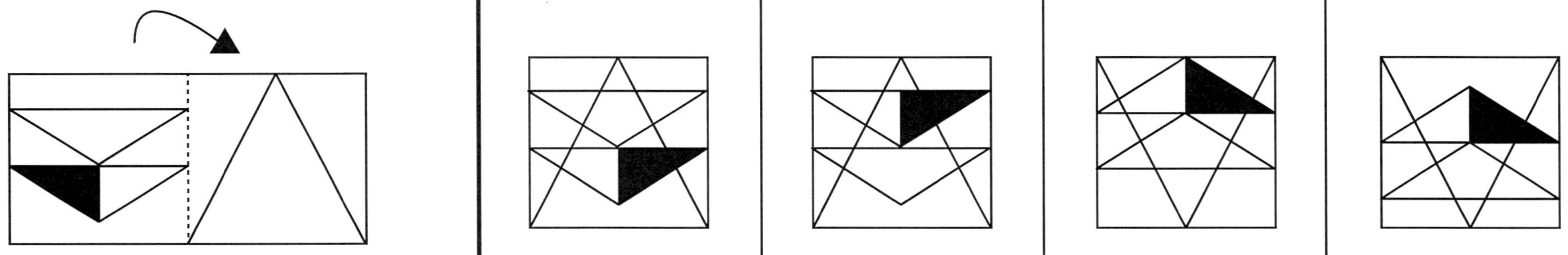

③

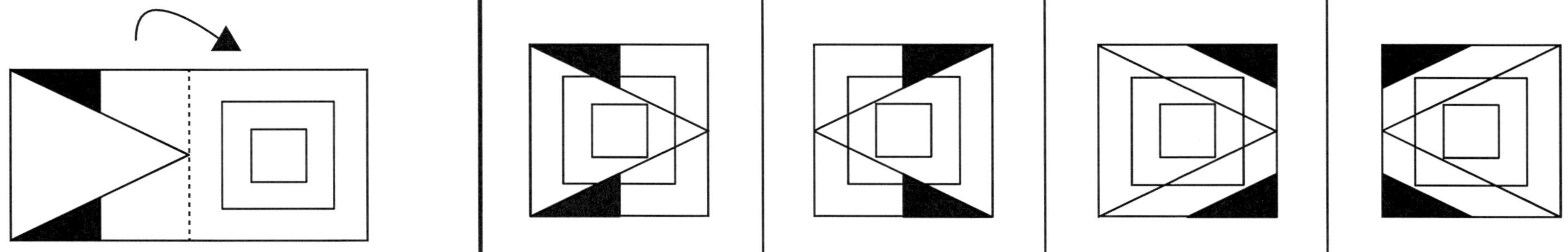

☆城星学園小学校

問題6

①

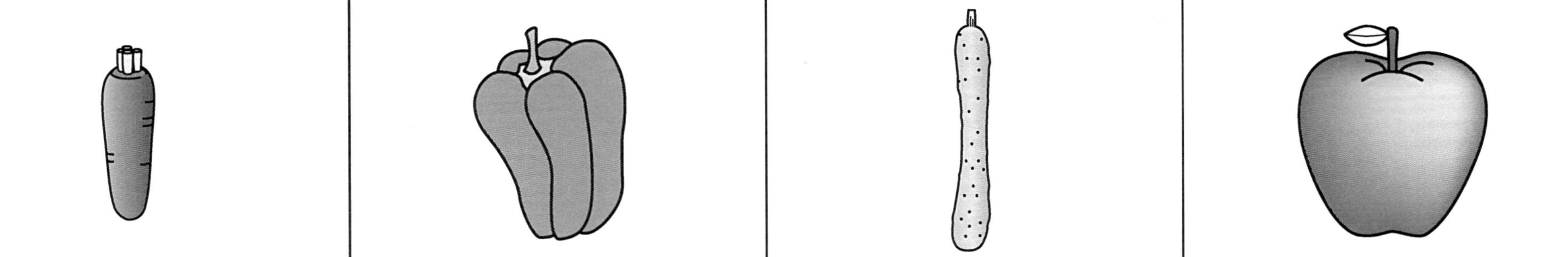

②

③

問題 7 - 1

☆城星学園小学校

- 7 -

日本学習図書株式会社

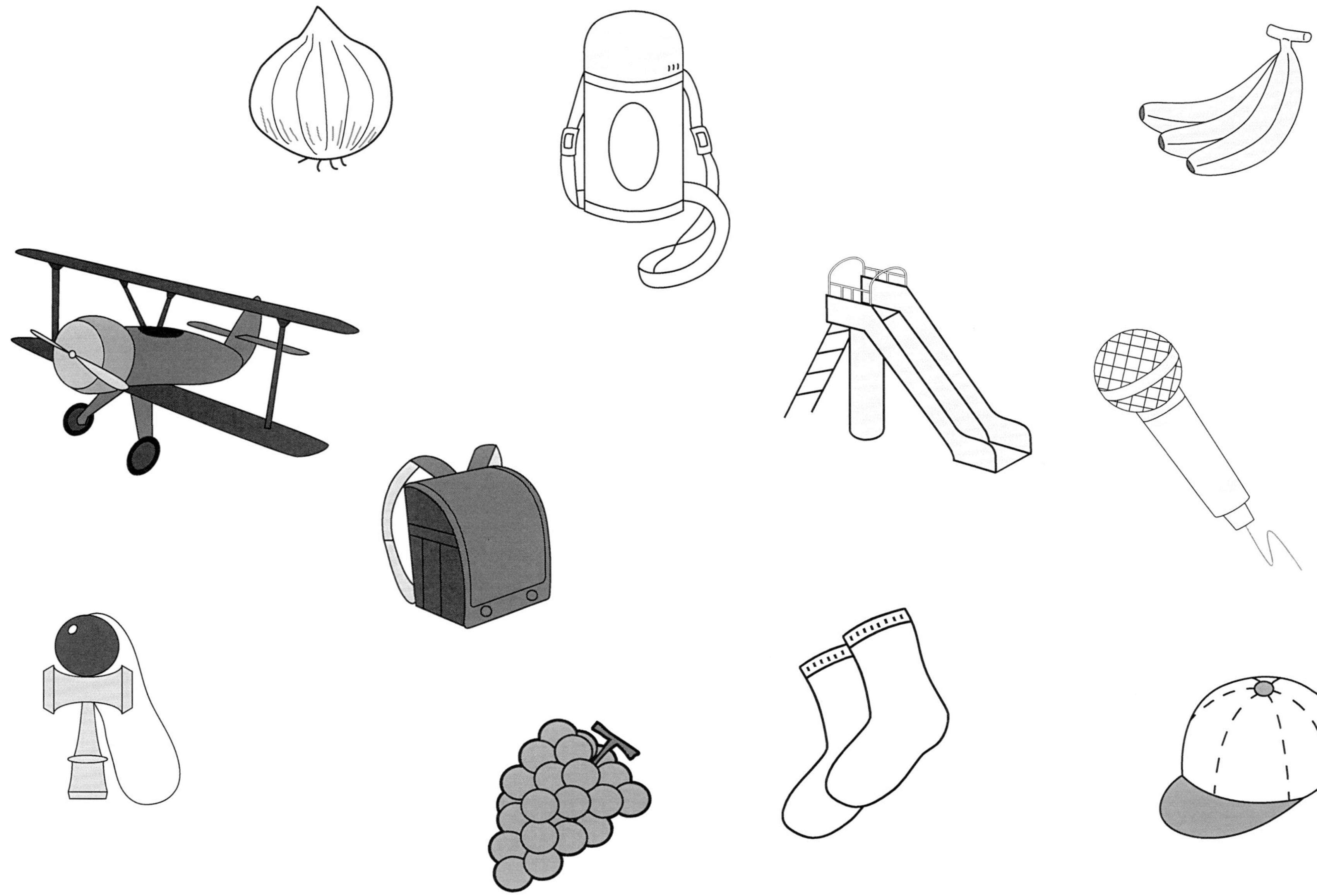

問題 7 − 2

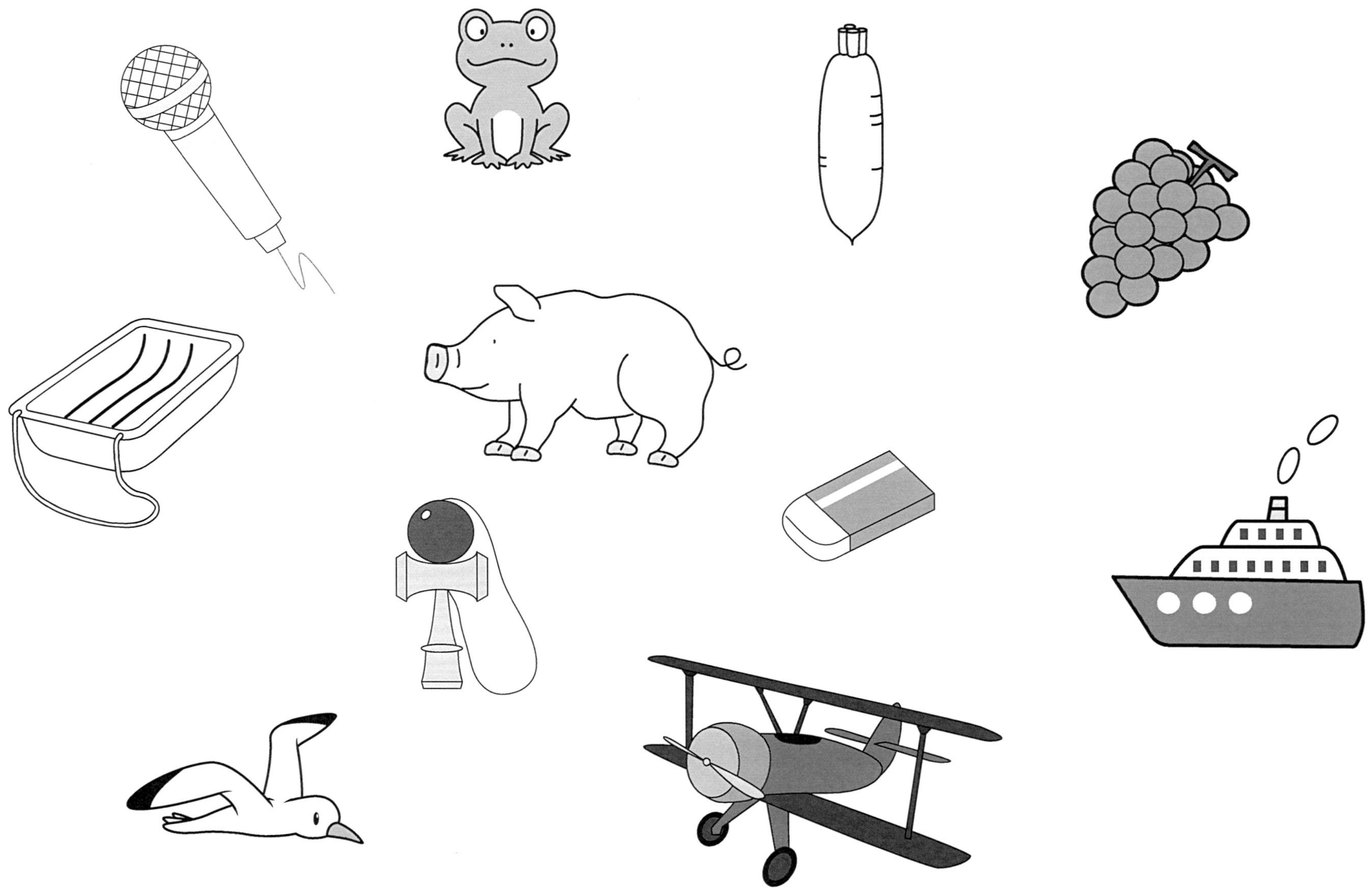

問題8

①お友だちとお腹でボールを挟みます。
※スタートの線を越えなければ、手を使って
ボールを調整しても構いません。

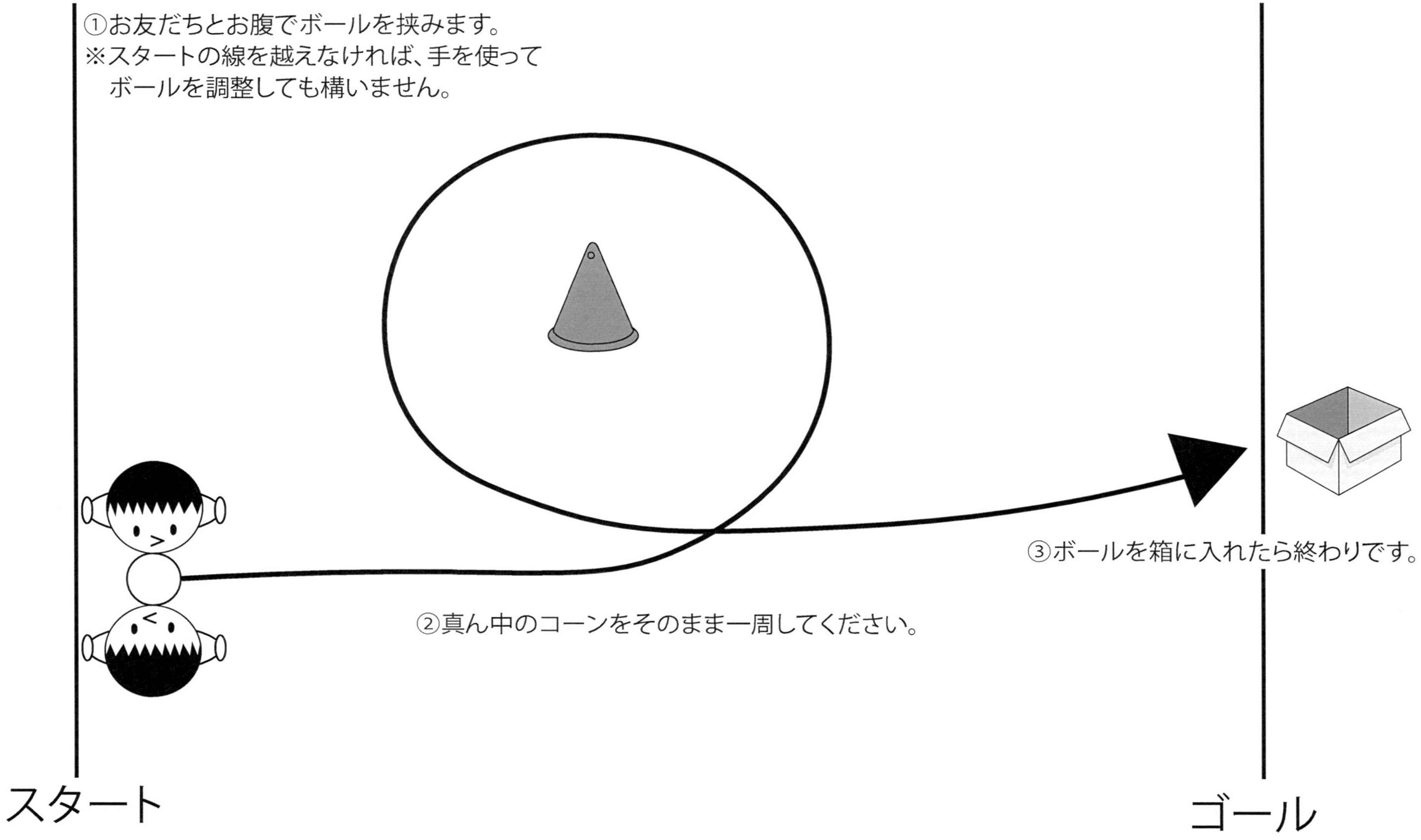

②真ん中のコーンをそのまま一周してください。

③ボールを箱に入れたら終わりです。

問題9

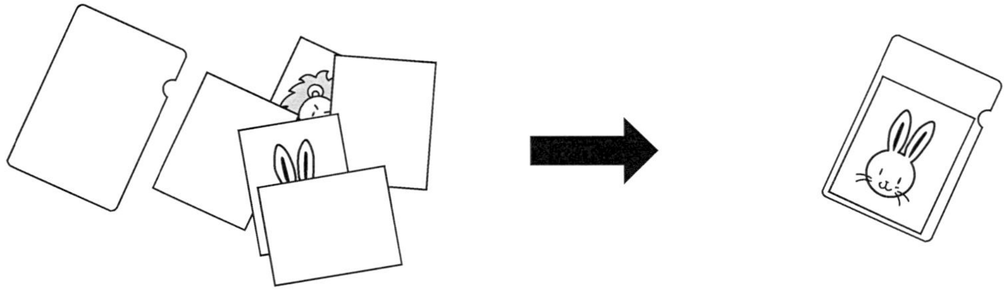

①バラバラになっている絵を、動物が描いてある方をすべて表にして整えて、クリアファイルに入れてください。

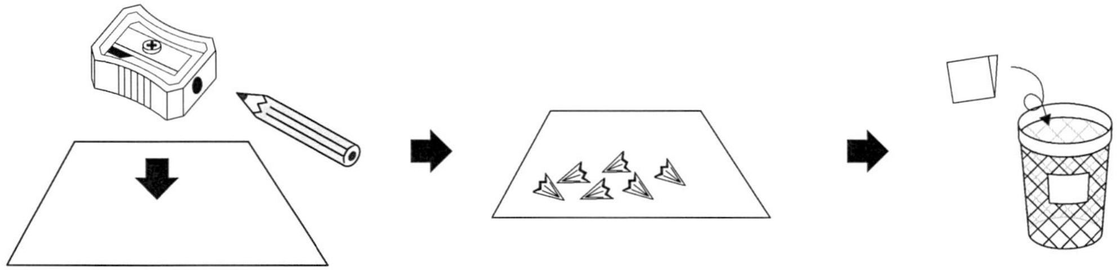

②ティッシュの上で鉛筆を削り、削ったゴミを包んで、ゴミ箱へ捨ててください。

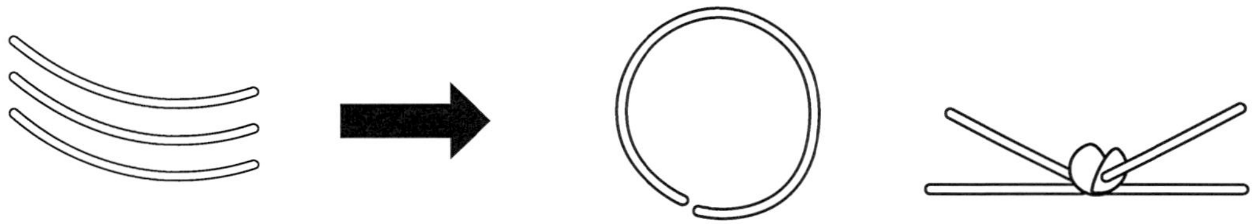

③３本のひもで、１本は丸をつくり、もう２本は結んでください。

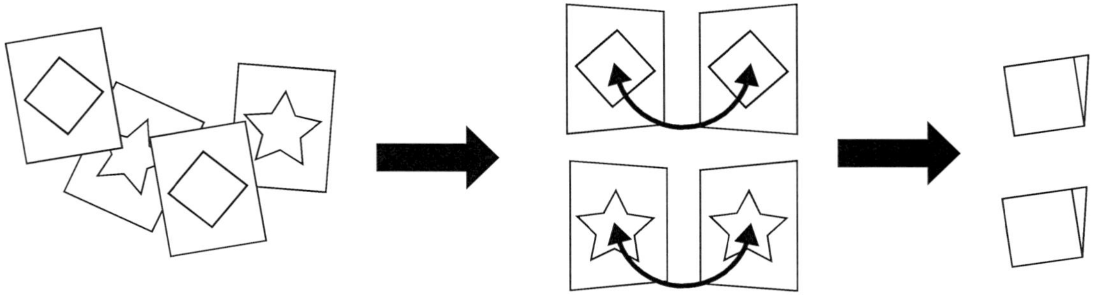

④同じ絵柄の紙を見つけ、絵柄同士を合わせて、半分に折って、またそのあと半分に折ってください。

日本学習図書株式会社

問題１０

①四角の枠を両足跳びで飛びながら、ゴールまで行く。
（スタート前とゴール後は三角座りで待つ。同様のコースを４つ用意）

②先生にボールを投げる。

問題１２

☆城星学園小学校

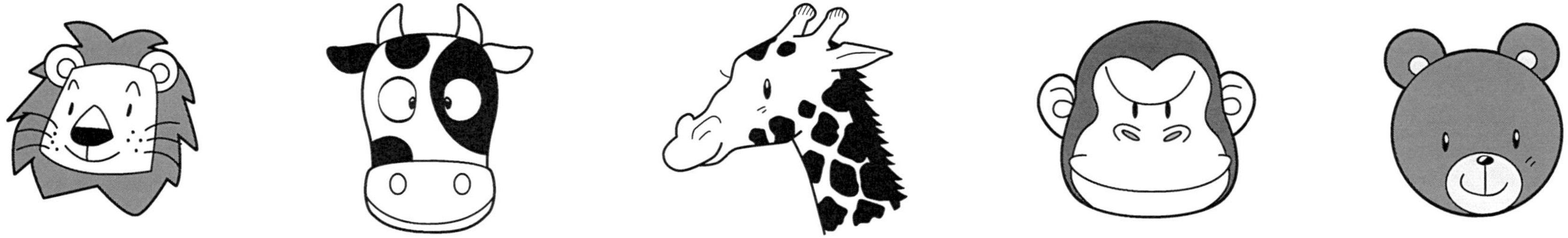

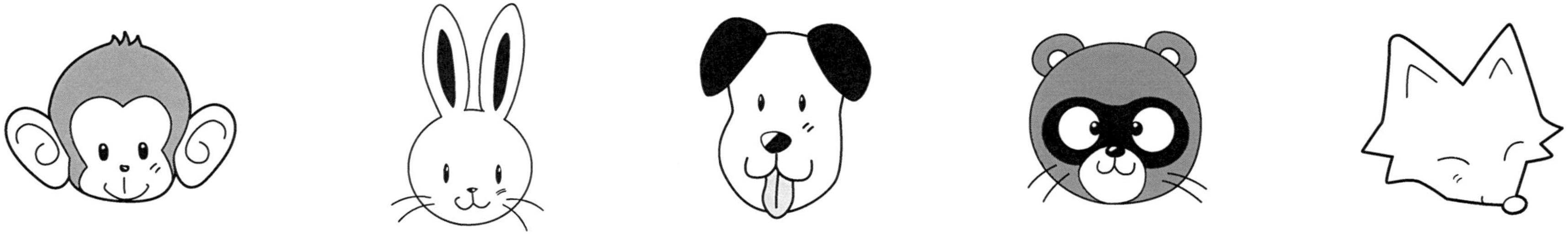

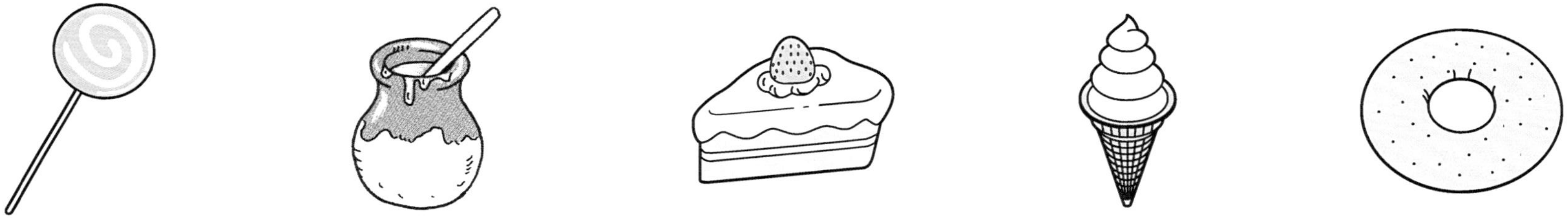

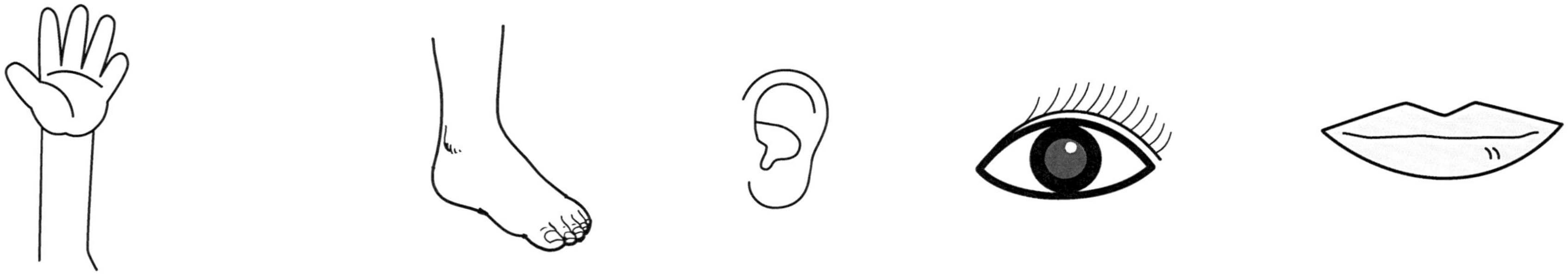

☆城星学園小学校

問題１３

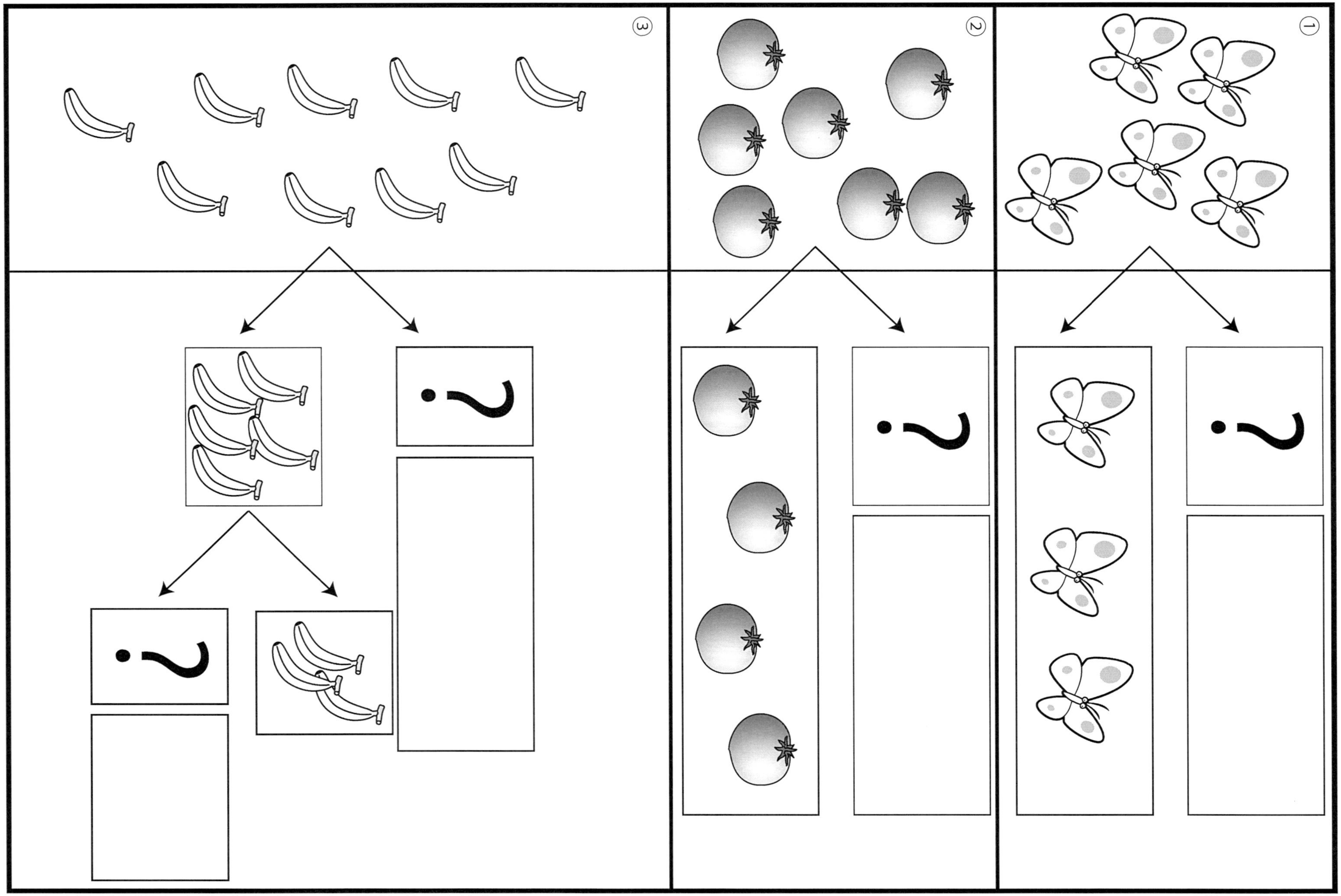

日本学習図書株式会社

☆城星学園小学校

問題１４

①

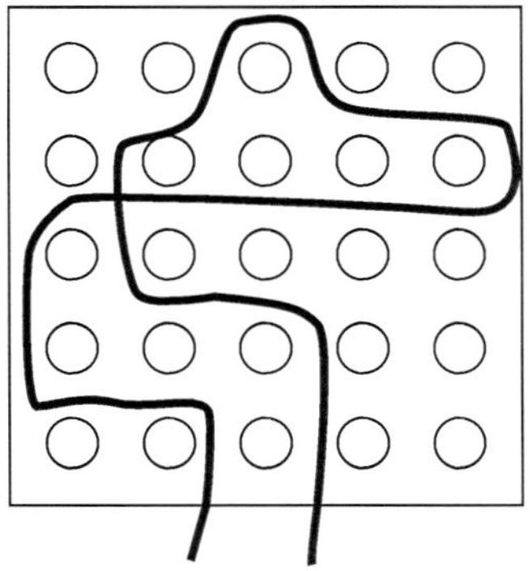

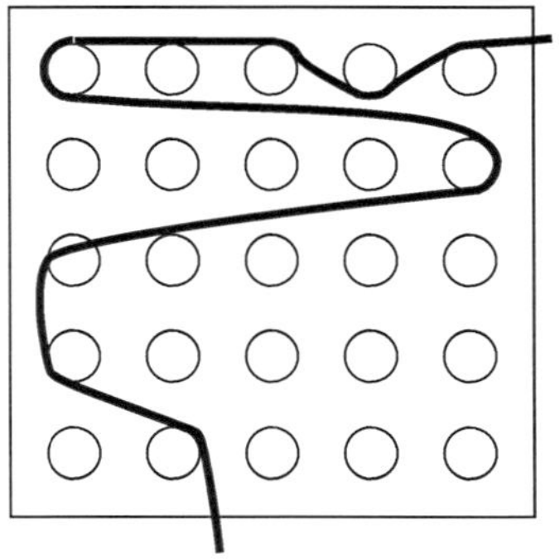

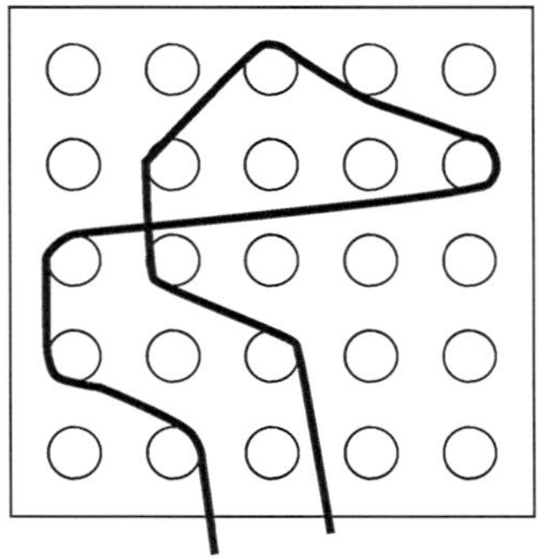

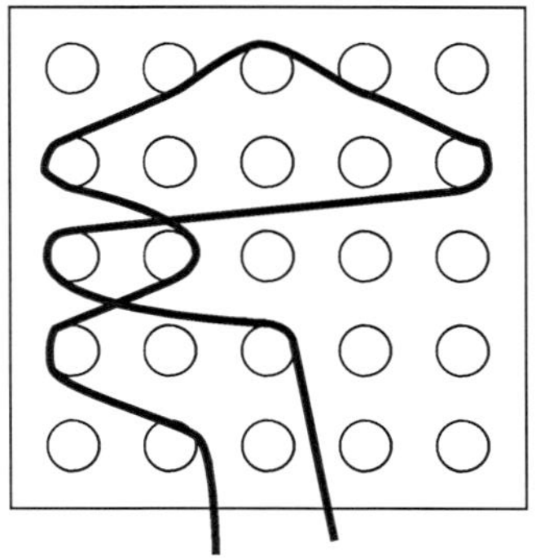

②

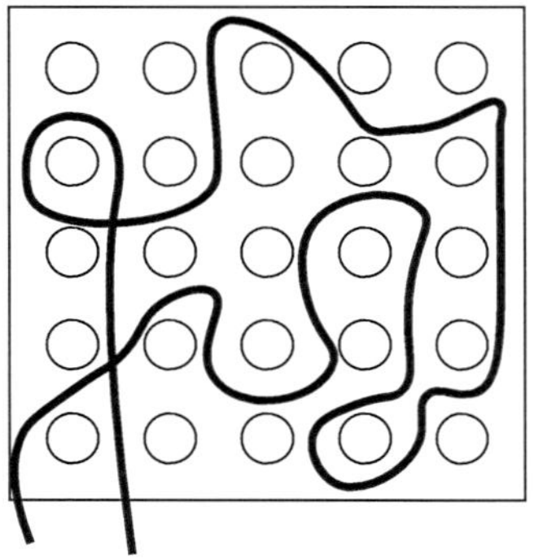

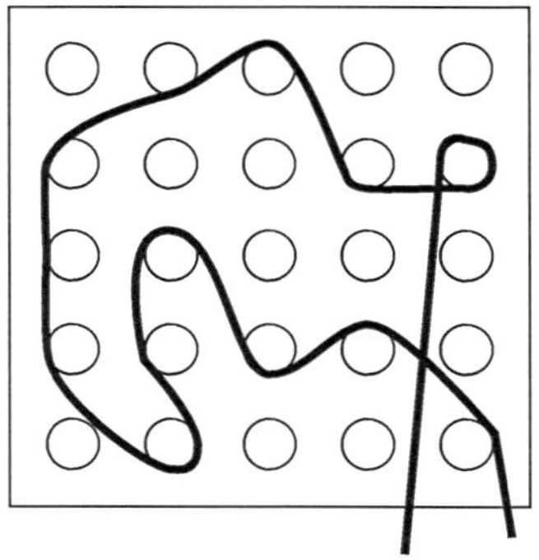

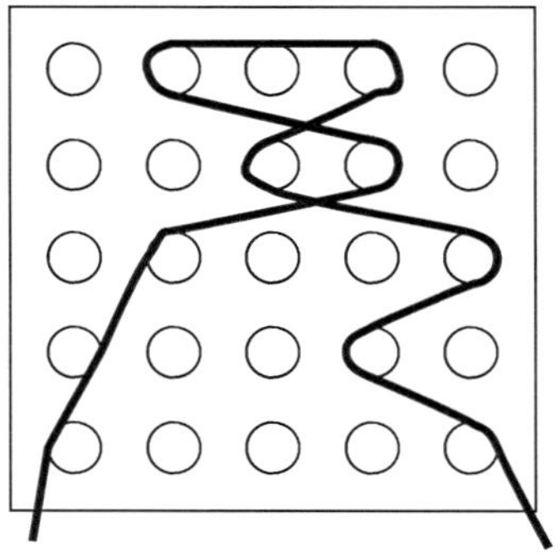

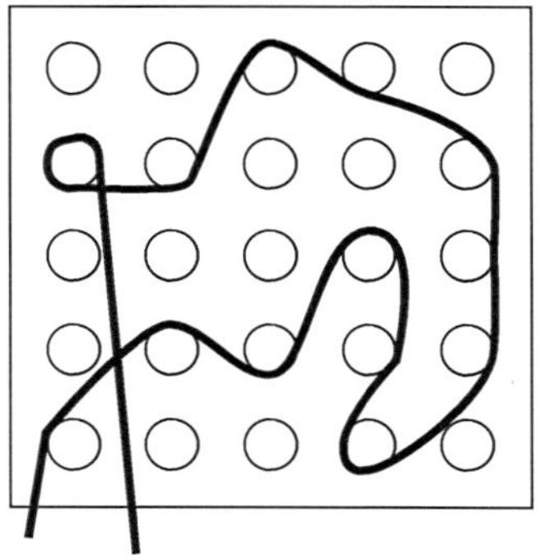

日本学習図書株式会社

☆城星学園小学校

問題15

①

②

☆城星学園小学校

2021 年度版　城星学園・帝塚山学院　過去　無断複製／転載を禁ずる　　　　日本学習図書株式会社

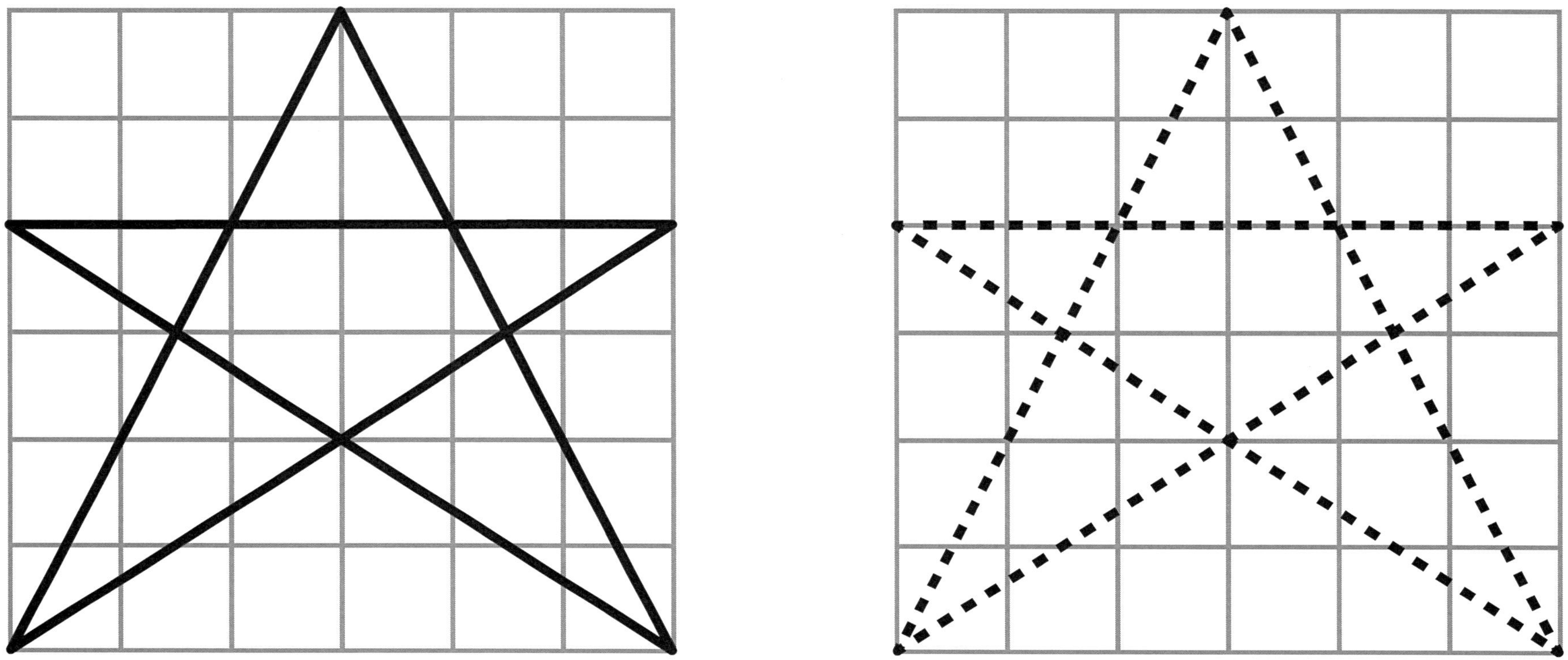

☆城星学園小学校

問題１７

①

②

③

日本学習図書株式会社

☆城星学園小学校

問題18－1

①

②

問題18－2

①

②

問題２０

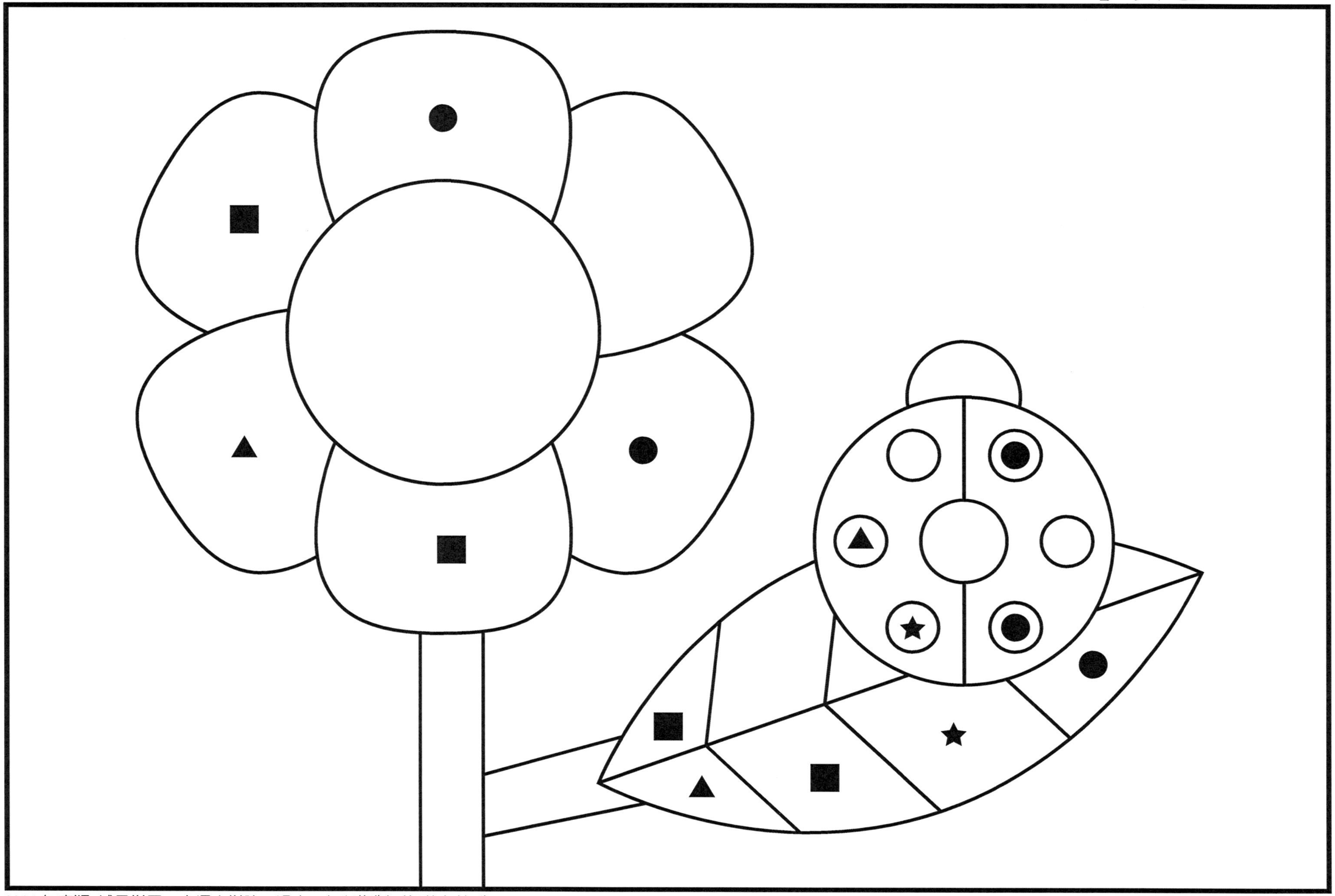

日本学習図書株式会社

問題２１

①

②

日本学習図書株式会社

問題２２

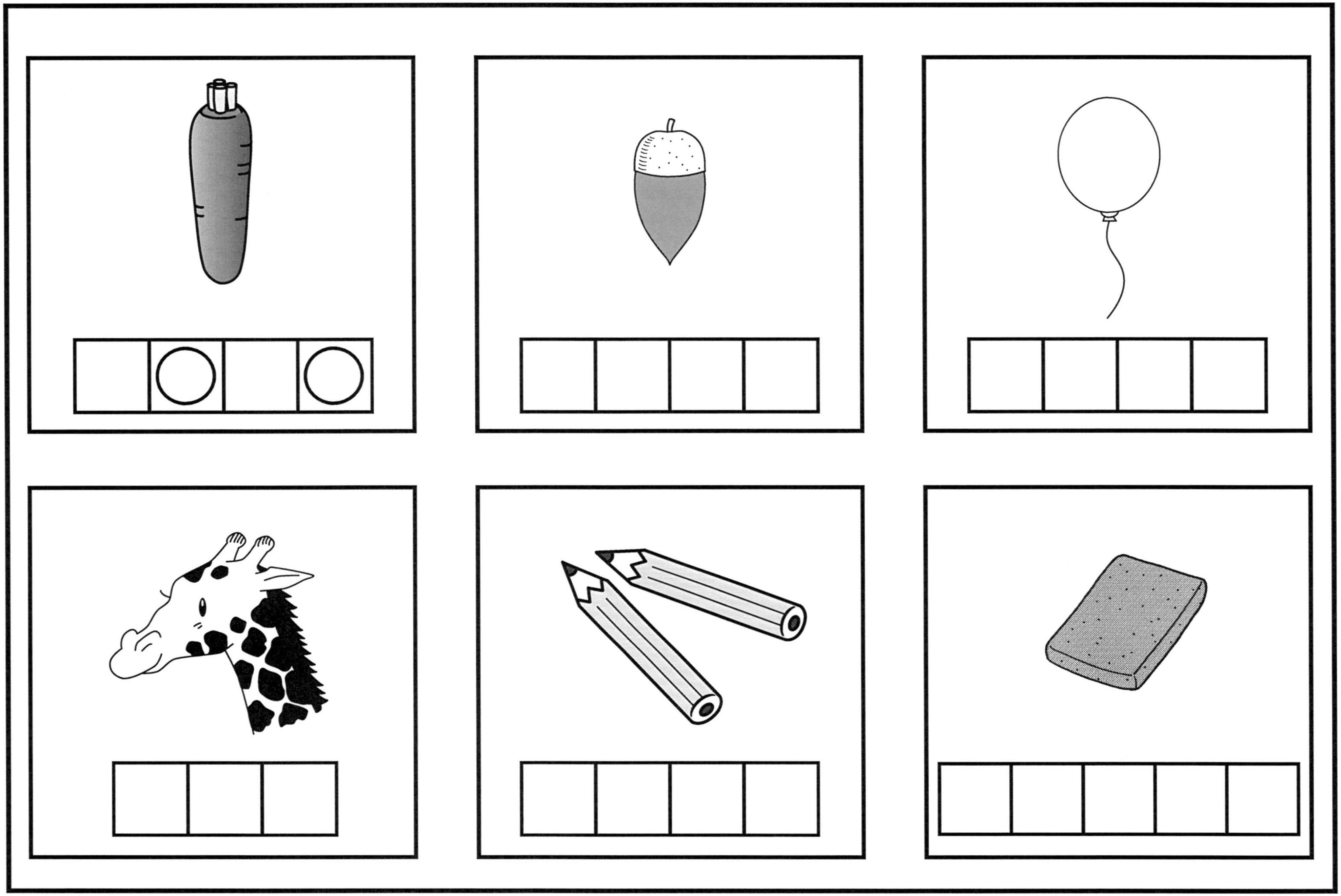

問題２３

①

②

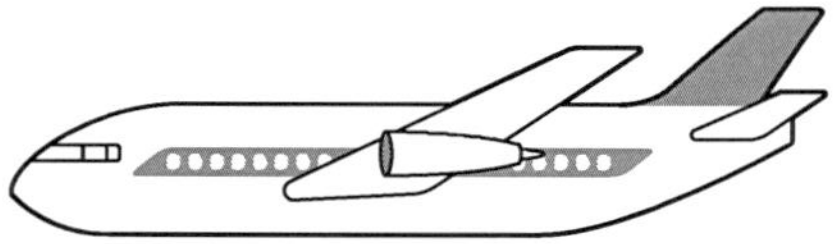

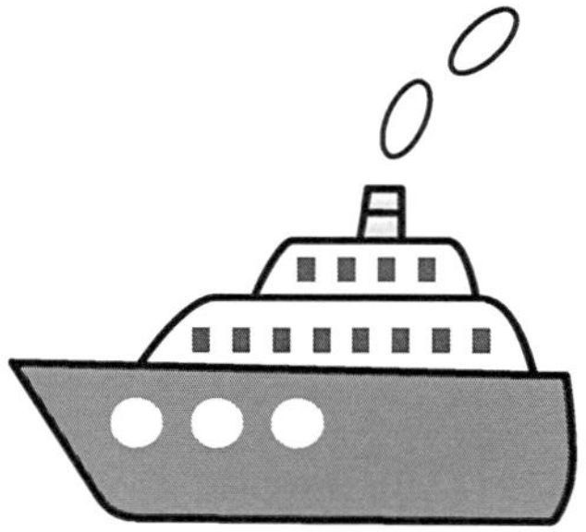

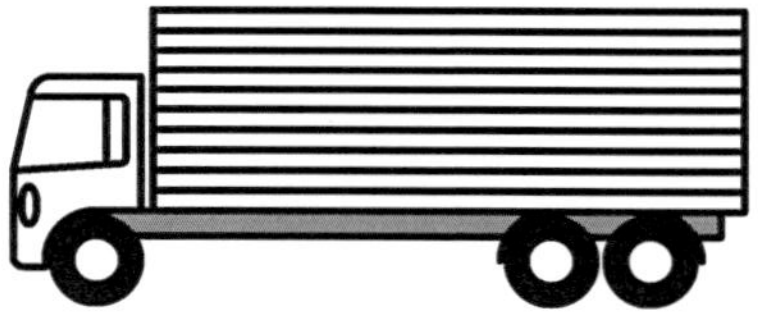

☆帝塚山学院小学校

問題２４

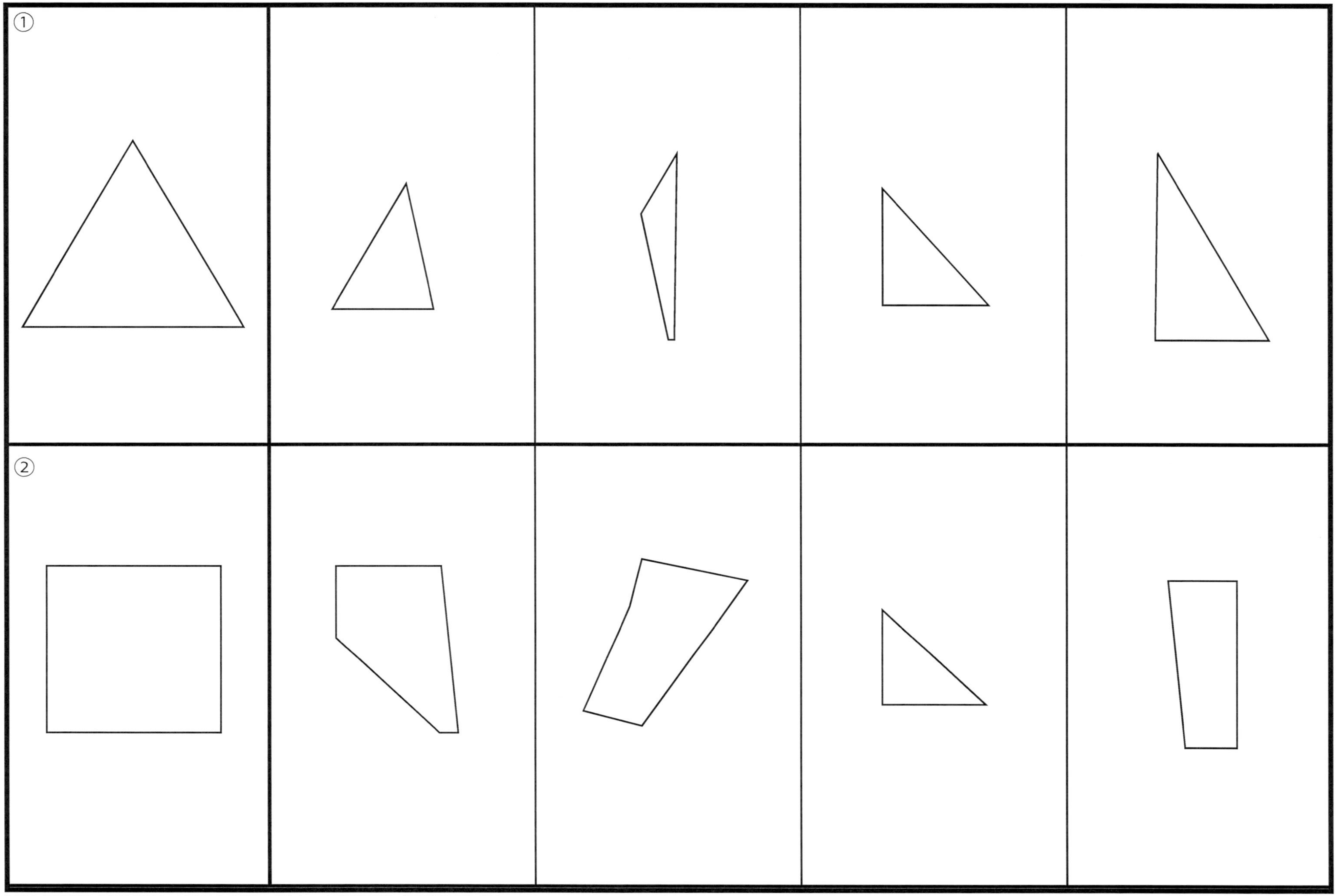

☆帝塚山学院小学校

問題２５

①

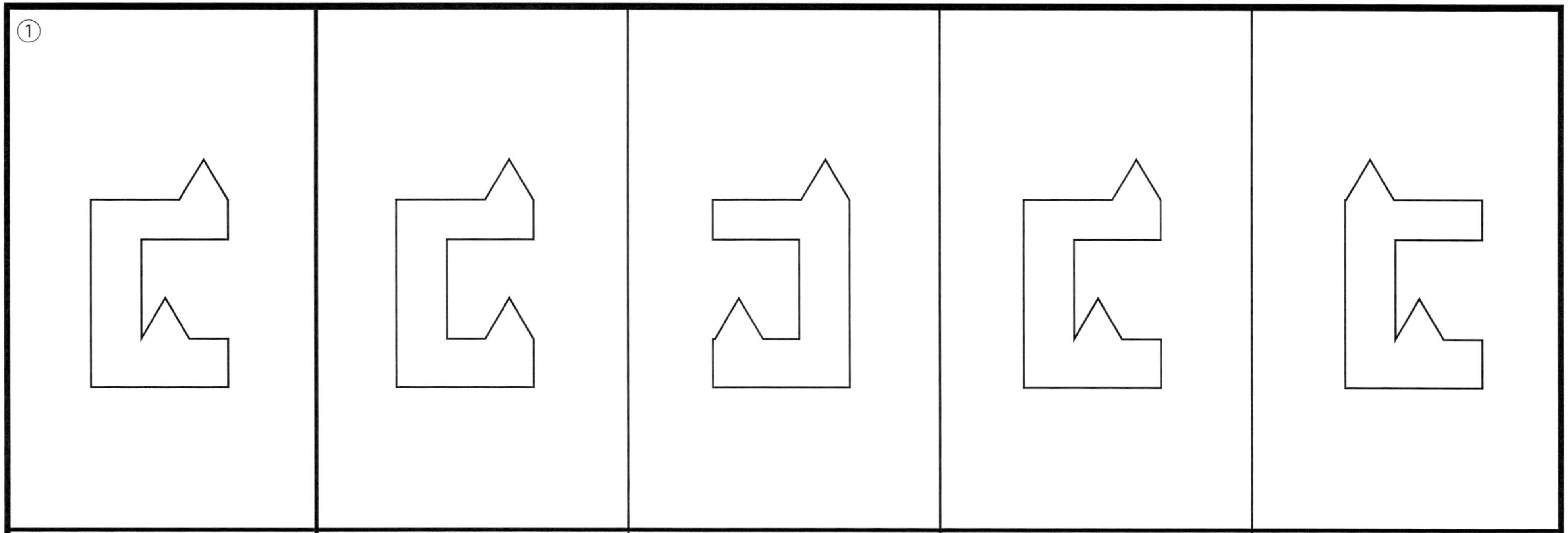

②

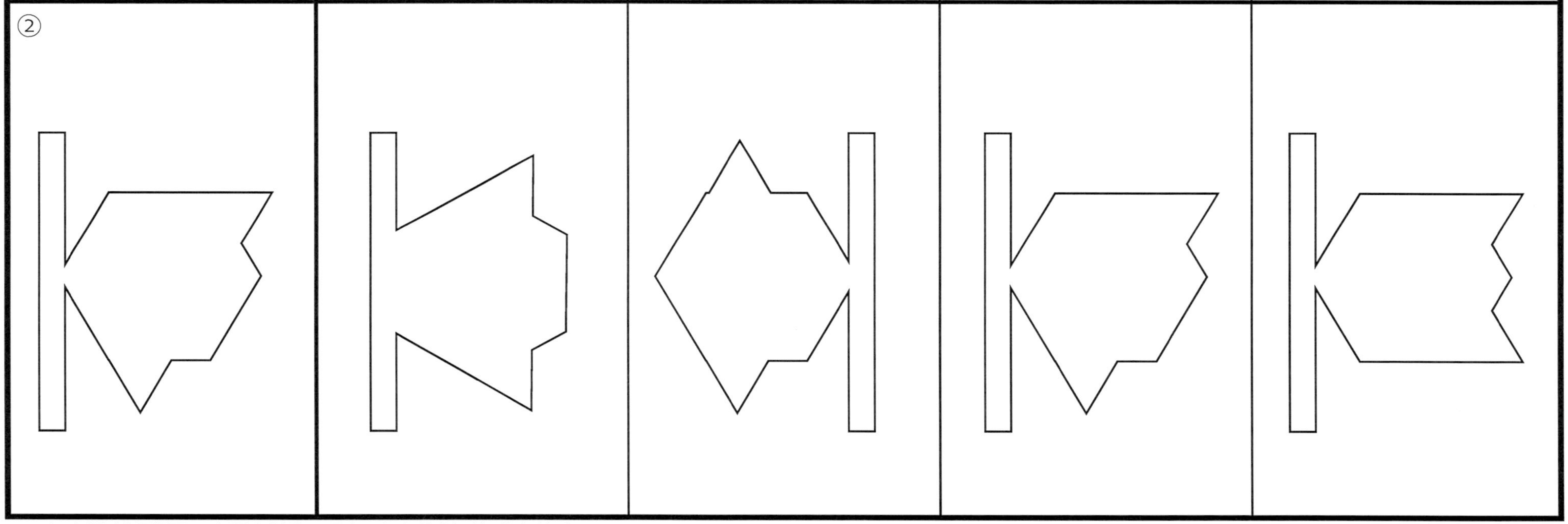

☆帝塚山学院小学校

問題２６

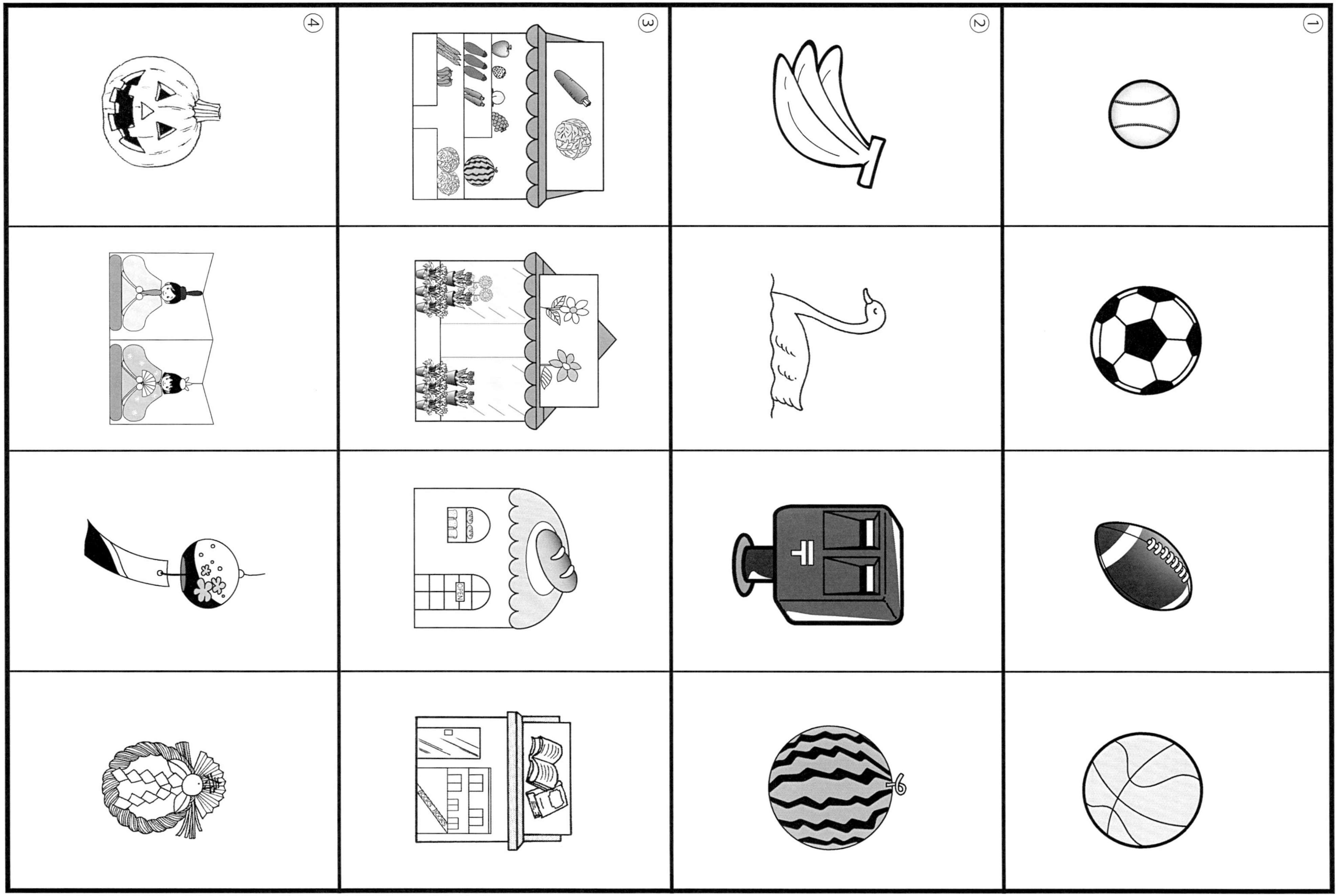

日本学習図書株式会社

問題２８

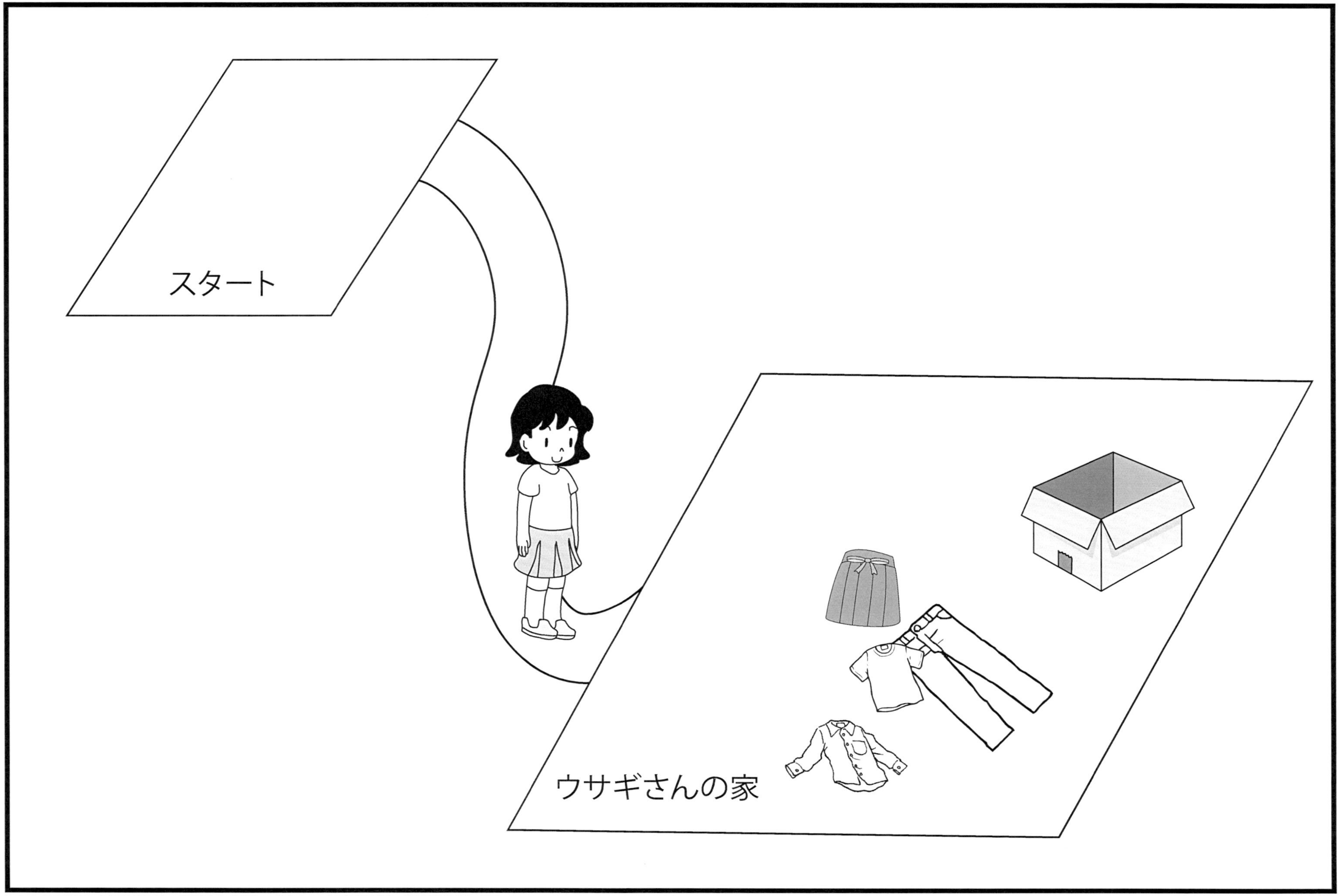
スタート
ウサギさんの家

問題３２

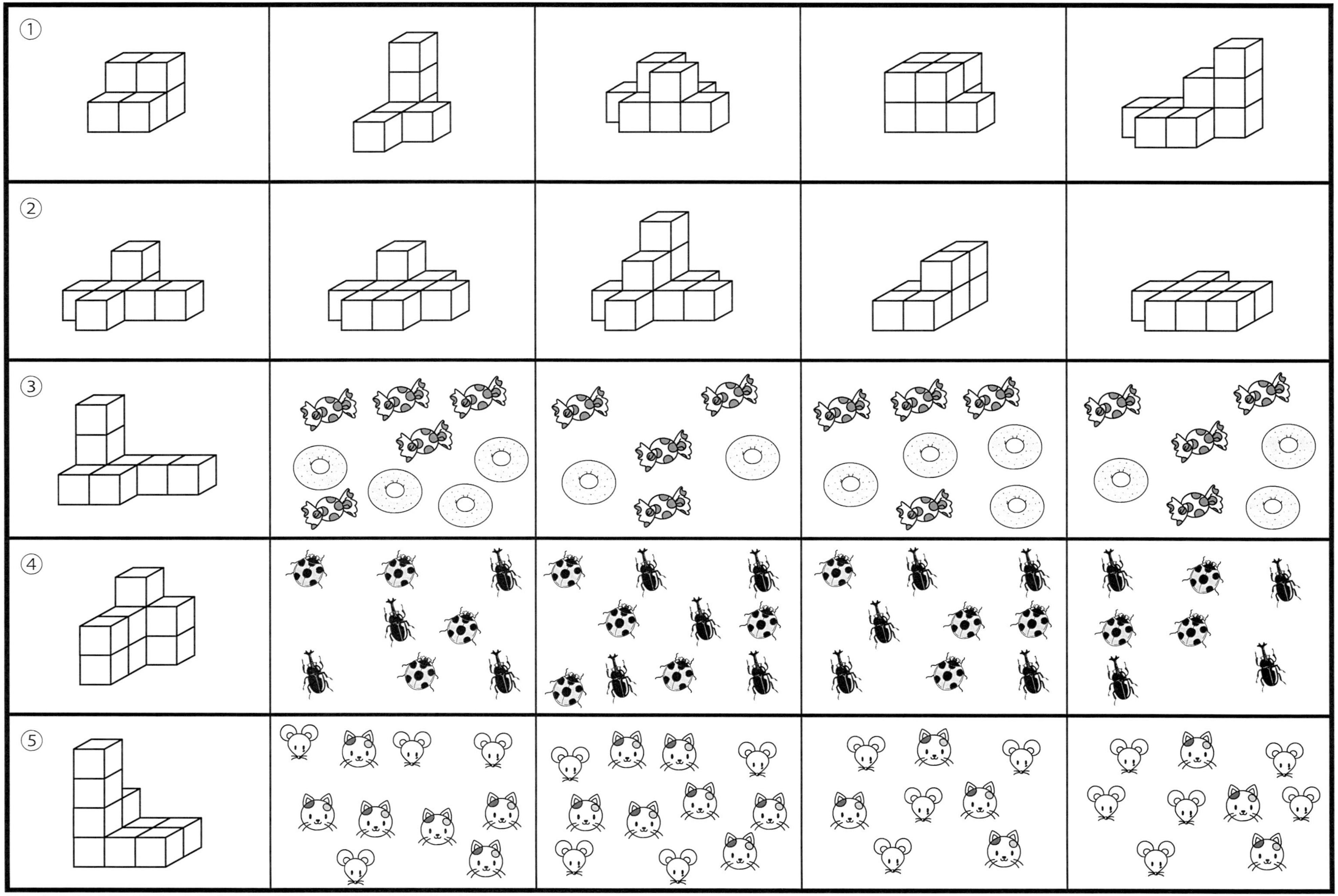

日本学習図書株式会社

☆帝塚山学院小学校

問題33

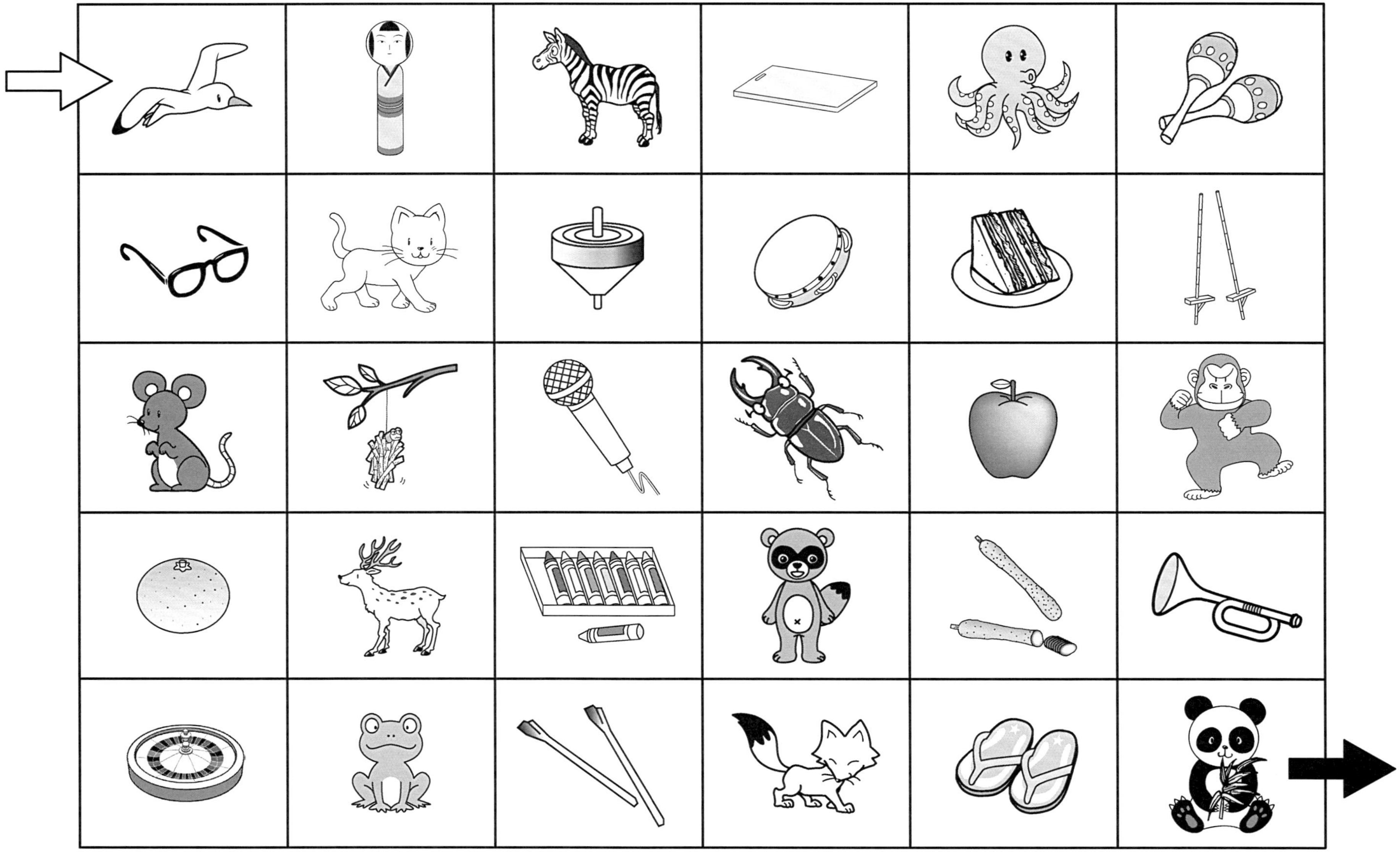

☆帝塚山学院小学校

問題３４

①

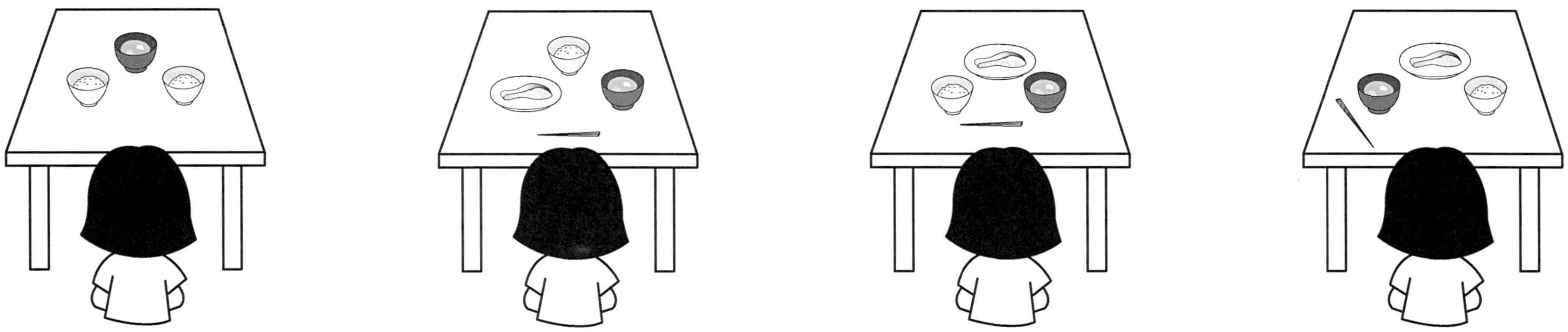

②

③

☆帝塚山学院小学校

問題３５－１

①

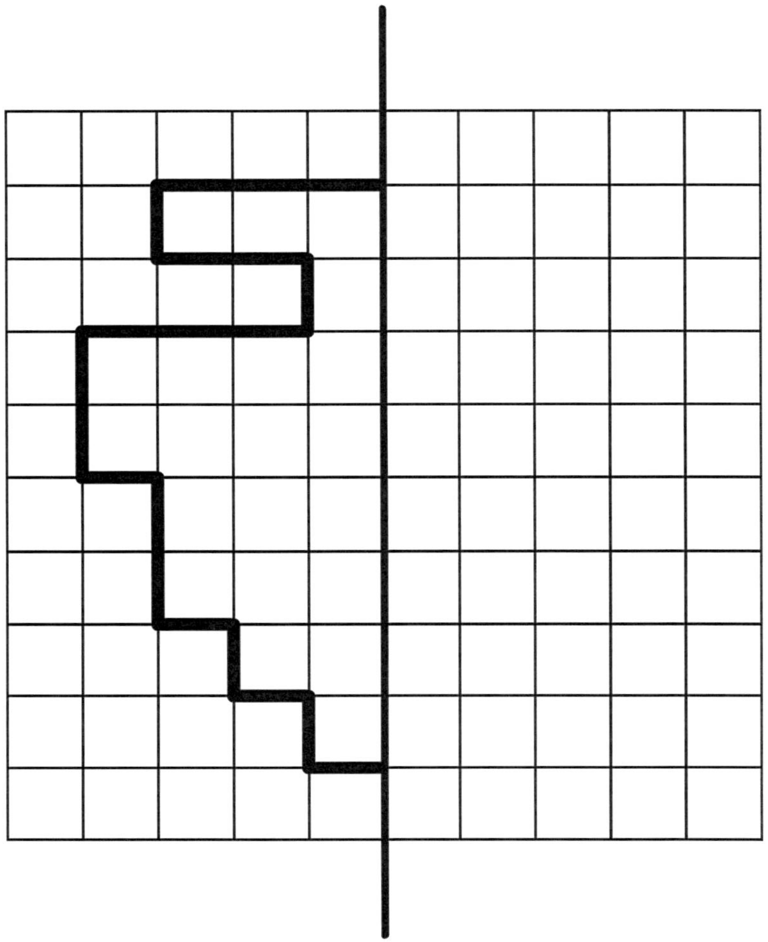

②

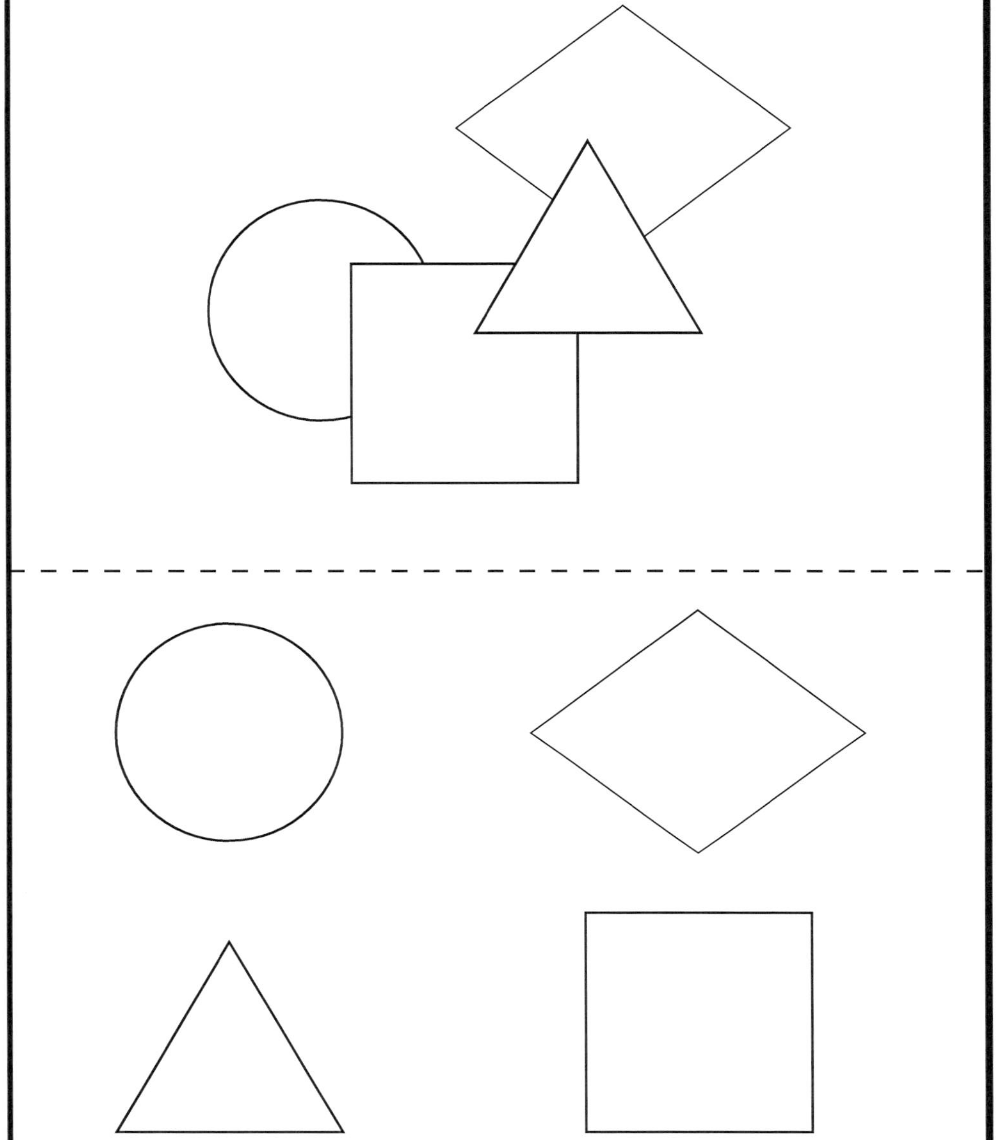

☆帝塚山学院小学校

問題３５－２

③

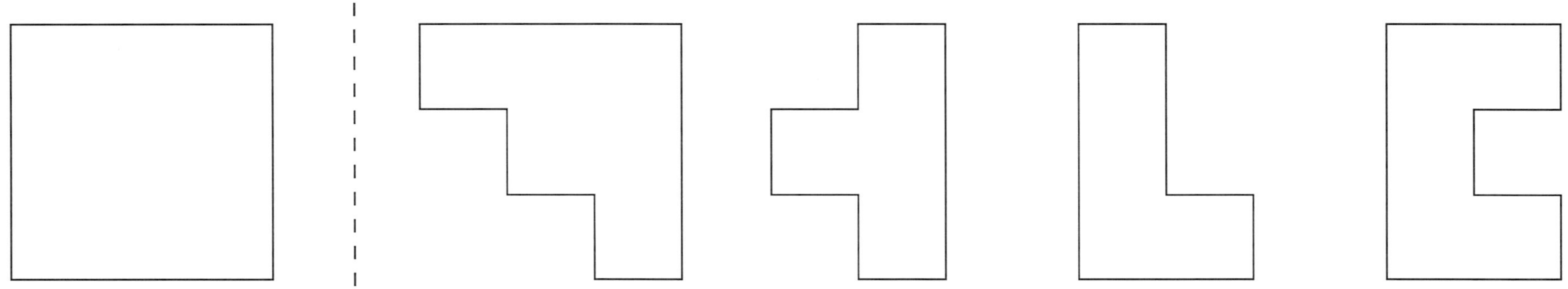

④

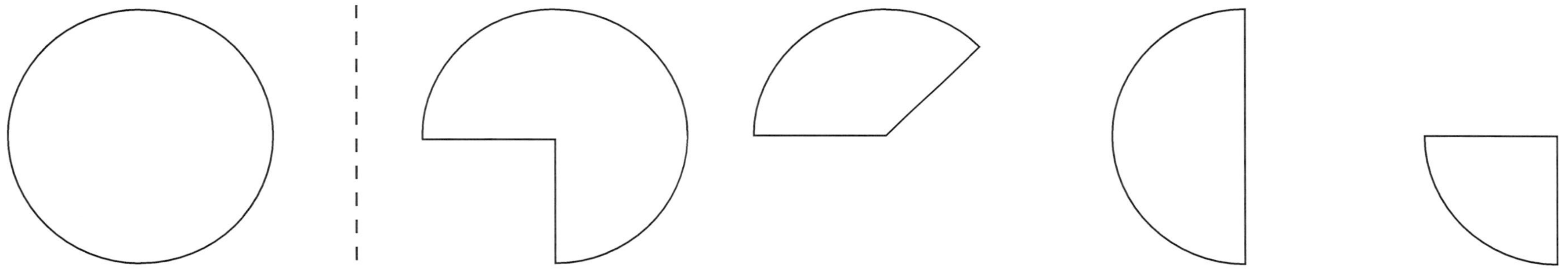

問題３６

☆帝塚山学院小学校

問題３７

①

②

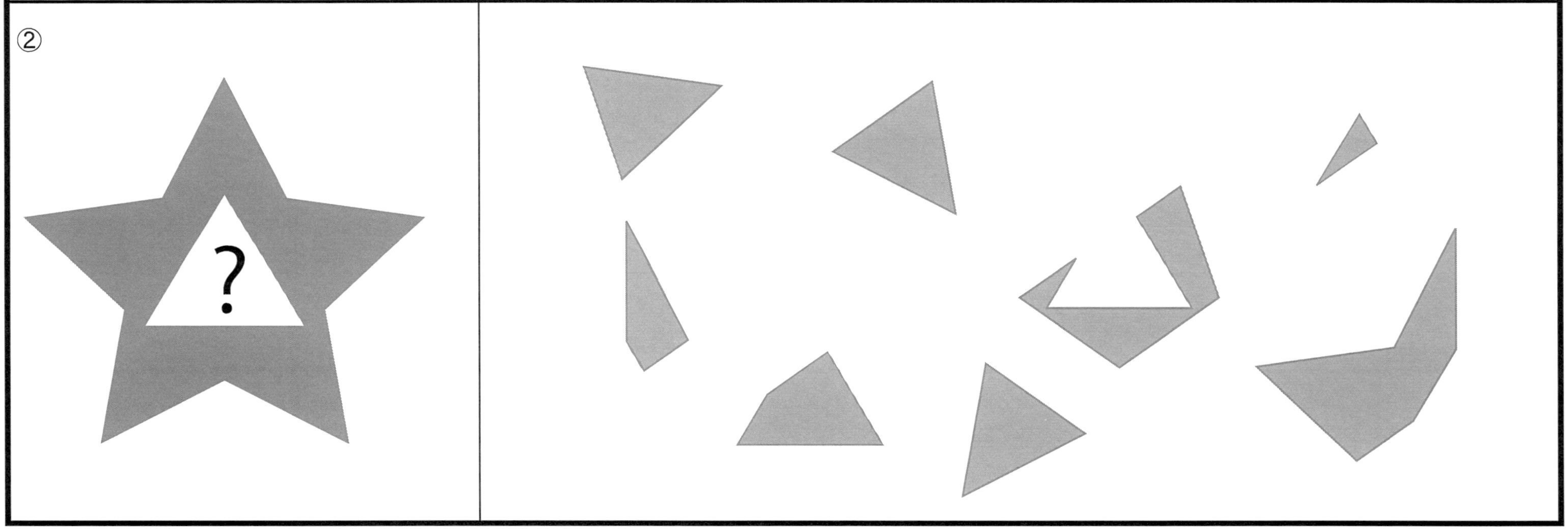

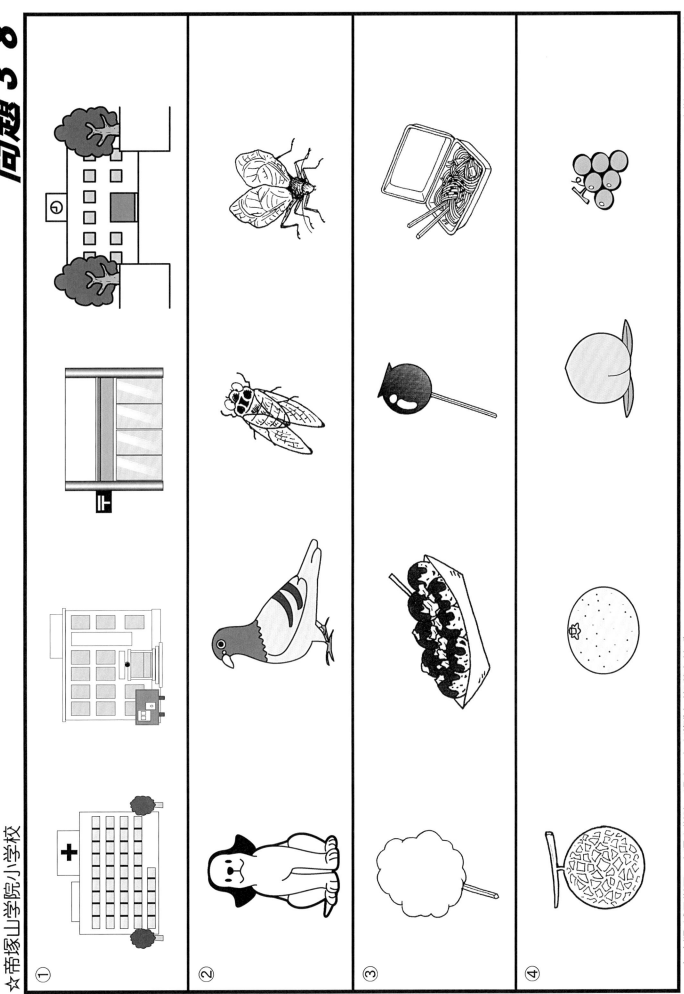

☆帝塚山学院小学校

問題３８

①

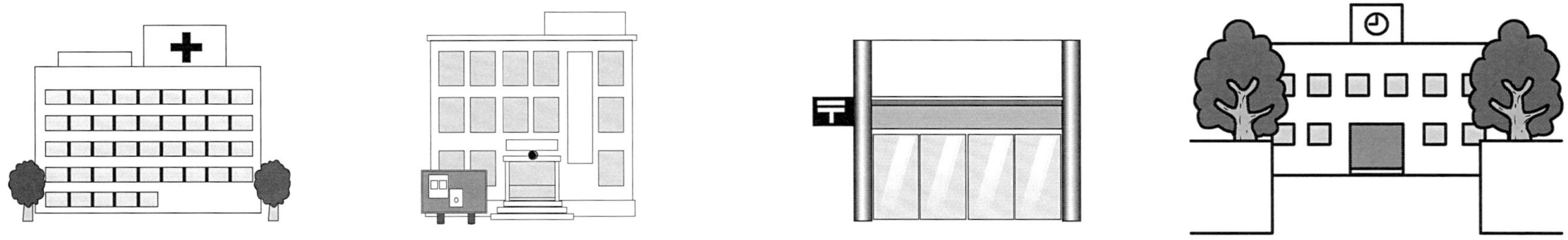

②

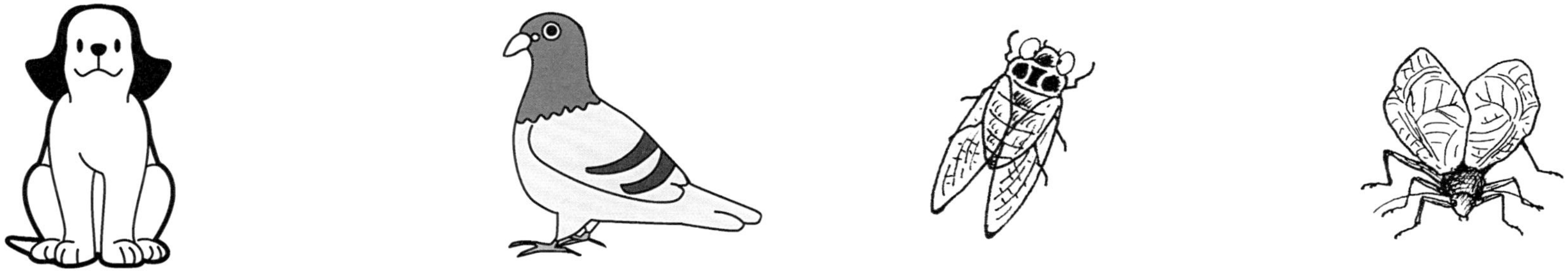

③

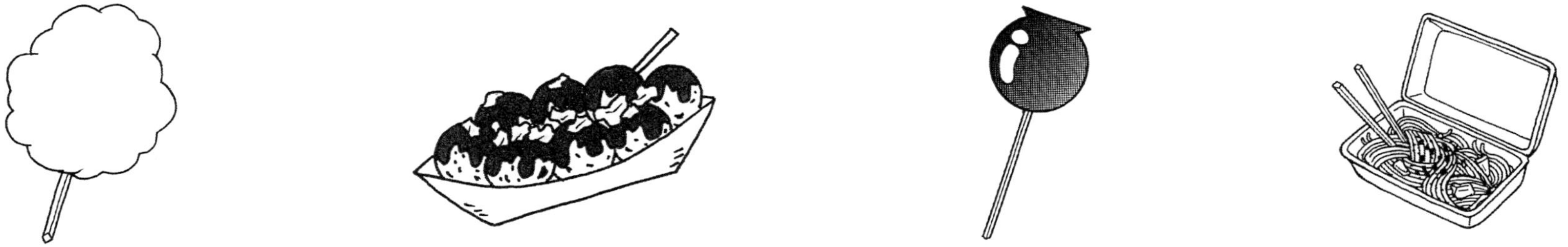

④

問題３９

分野別 小学入試練習帳 ジュニアウォッチャー

1．点・線図形	小学校入試で出題頻度の高い『点・線図形』の模写を、難易度の低いものから段階別に幅広く練習することができるように構成。
2．座標	図形の位置模写という作業を、難易度の低いものから段階別に練習できるように構成。
3．パズル	様々なパズルの問題を難易度の低いものから段階別に練習できるように構成。
4．同図形探し	小学校入試で出題頻度の高い、同図形選びの問題を繰り返し練習できるように構成。
5．回転・展開	図形などを回転、または展開したとき、形がどのように変化するかを学習し、理解を深められるように構成。
6．系列	数、図形などの様々な系列問題を、難易度の低いものから段階別に練習できるように構成。
7．迷路	迷路の問題を繰り返し練習できるように構成。
8．対称	対称に関する問題を４つのテーマに分類し、各テーマごとに問題を段階別に練習できるように構成。
9．合成	図形の合成に関する問題を、難易度の低いものから段階別に練習できるように構成。
10．四方からの観察	もの（立体）を様々な角度から見て、どのように見えるかを推理する問題を段階別に整理し、１つの形式で複数の問題を練習できるように構成。
11．いろいろな仲間	ものや動物、植物の共通点を見つけ、分類していく問題を中心に構成。
12．日常生活	日常生活における様々な問題を６つのテーマに分類し、各テーマごとに一つの問題形式で複数の問題を練習できるように構成。
13．時間の流れ	『時間』に着目し、様々なものごとは、時間が経過するとどのように変化するのかということを学習し、理解できるように構成。
14．数える	様々なものを『数える』ことから、数の多少の判定やかけ算、わり算の基礎までを練習できるように構成。
15．比較	比較に関する問題を５つのテーマ（数、高さ、長さ、量、重さ）に分類し、各テーマごとに問題を段階別に練習できるように構成。
16．積み木	数える対象を積み木に限定した問題集。
17．言葉の音遊び	言葉の音に関する問題を５つのテーマに分類し、各テーマごとに問題を段階別に練習できるように構成。
18．いろいろな言葉	表現力をより豊かにするいろいろな言葉として、擬態語や擬声語、同音異義語、反意語、数詞を取り上げた問題集。
19．お話の記憶	お話を聴いてその内容を記憶、理解し、設問に答える形式の問題集。
20．見る記憶・聴く記憶	「見て憶える」「聴いて憶える」という『記憶』分野に特化した問題集。
21．お話作り	いくつかの絵を元にしてお話を作る練習をして、想像力を養うことができるように構成。
22．想像画	描かれてある形や景色に好きな絵を描くことにより、想像力を養うことができるように構成。
23．切る・貼る・塗る	小学校入試で出題頻度の高い、はさみやのりなどを用いた巧緻性の問題を繰り返し練習できるように構成。
24・絵画	小学校入試で出題頻度の高い、お絵かきやぬり絵などクレヨンやクーピーペンを用いた巧緻性の問題を繰り返し練習できるように構成。
25．生活巧緻性	小学校入試で出題頻度の高い日常生活の様々な場面における巧緻性の問題集。
26．文字・数字	ひらがなの清音、濁音、拗音、拗長音、促音と１～20までの数字に焦点を絞り、練習できるように構成。
27．理科	小学校入試で出題頻度が高くなりつつある理科の問題を集めた問題集。
28．運動	出題頻度の高い運動問題を種目別に分けて構成。
29．行動観察	項目ごとに問題提起をし、「このような時はどうか、あるいはどう対処するのか」の観点から問いかける形式の問題集。
30．生活習慣	学校から家庭に提起された問題と思って、一問一問絵を見ながら話し合い、考える形式の問題集。
31．推理思考	数、量、言語、常識（含理科、一般）など、諸々のジャンルから問題を構成し、近年の小学校入試問題傾向に沿って構成。
32．ブラックボックス	箱や筒の中を通ると、どのようなお約束でどのように変化するかを推理・思考する問題集。
33．シーソー	重さの違うものをシーソーに乗せた時どちらに傾くのか、またどうすればシーソーは釣り合うのかを思考する基礎的な問題集。
34．季節	様々な行事や植物などを季節別に分類できるように知識をつける問題集。
35．重ね図形	小学校入試で頻繁に出題されている「図形を重ね合わせてできる形」についての問題を集めました。
36．同数発見	様々な物を数え「同じ数」を発見し、数の多少の判断や数の認識の基礎を学べるように構成した問題集。
37．選んで数える	数の学習の基本となる、いろいろなものの数を正しく数える学習を行う問題集。
38．たし算・ひき算１	数字を使わず、たし算とひき算の基礎を身につけるための問題集。
39．たし算・ひき算２	数字を使わず、たし算とひき算の基礎を身につけるための問題集。
40．数を分ける	数を等しく分ける問題です。等しく分けたときに余りが出るものもあります。
41．数の構成	ある数がどのような数で構成されているか学んでいきます。
42．一対多の対応	一対一の対応から、一対多の対応まで、かけ算の考え方の基礎学習を行います。
43．数のやりとり	あげたり、もらったり、数の変化をしっかりと学びます。
44．見えない数	指定された条件から数を導き出します。
45．図形分割	図形の分割に関する問題集。パズルや合成の分野にも通じる様々な問題を集めました。
46．回転図形	「回転図形」に関する問題集。やさしい問題から始め、いくつかの代表的なパターンから、段階を踏んで学習できるよう編集されています。
47．座標の移動	「マス目の指示通りに移動する問題」と「指示された数だけ移動する問題」を収録。
48．鏡図形	鏡で左右反転させた時の見え方を考えます。平面図形から立体図形、文字、絵まで。
49．しりとり	すべての学習の基礎となる「言葉」を学ぶこと、特に「語彙」を増やすことに重点をおき、さまざまなタイプの「しりとり」問題を集めました。
50．観覧車	観覧車やメリーゴーラウンドなどを舞台にした「回転系列」の問題集。「推理思考」分野の問題ですが、要素として「図形」や「数量」も含みます。
51．運筆①	鉛筆の持ち方を学び、点線なぞり、お手本を見ながらの模写で、線を引く練習をします。
52．運筆②	運筆①からさらに発展し、「欠所補完」や「迷路」などを楽しみながら、より複雑な鉛筆運びを習得することを目指します。
53．四方からの観察 積み木編	積み木を使用した「四方からの観察」に関する問題を練習できるように構成。
54．図形の構成	見本の図形がどのような部分によって形づくられているかを考えます。
55．理科②	理科的知識に関する問題を集中して練習する「常識」分野の問題集。
56．マナーとルール	道路や駅、公共の場でのマナー、安全や衛生に関する常識を学べるように構成。
57．置き換え	さまざまな具体的・抽象的事象を記号で表す「置き換え」の問題を扱います。
58．比較②	長さ・高さ・体積・数などを数学的な知識を使わず、論理的に推測する「比較」の問題を練習できるように構成。
59．欠所補完	線と線のつながり、欠けた絵に当てはまるものなどを求める「欠所補完」に取り組める問題集です。
60．言葉の音（おん）	しりとり、決まった順番の音をつなげるなど、「言葉の音」に関する問題に取り組める練習問題集です。

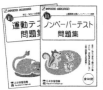

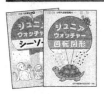

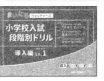

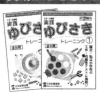

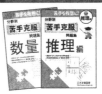

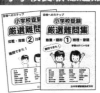

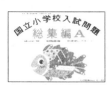

『読み聞かせ』×『質問』=『聞く力』

お話の記憶の練習に最適

1話5分の
読み聞かせお話集①②

「アラビアン・ナイト」「アンデルセン童話」「イソップ寓話」「グリム童話」、日本や各国の民話、昔話、偉人伝の中から、教育的な物語や、過去に小学校入試でも出題された有名なお話を中心に掲載。お話ごとに、内容に関連したお子さまへの質問も掲載しています。「読み聞かせ」を通して、お子さまの『聞く力』を伸ばすことを目指します。

①巻・②巻　各48話

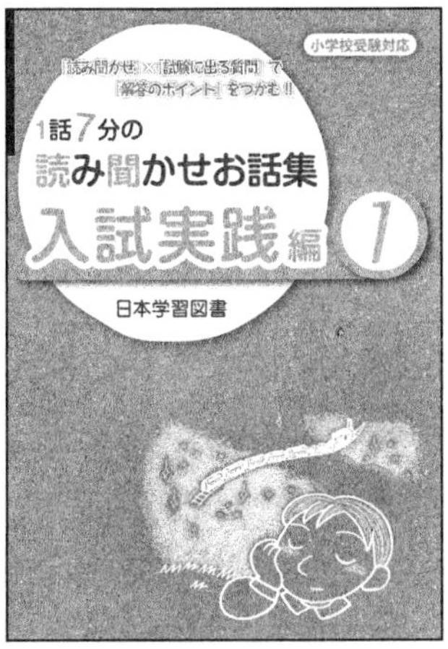

1話7分の読み聞かせお話集
入試実践編①

国立・私立 小学校受験 対応

最長1,700文字の長文のお話を掲載。有名でない=「聞いたことのない」お話を聞くことで、『集中力』のアップを目指します。設問も、実際の試験を意識した設問としています。ペーパーテスト実施校の多くが「お話の記憶」の問題を出題します。毎日の「読み聞かせ」と「試験に出る質問」で、「解答のポイント」をつかんで臨みましょう！

50話収録

ニチガクの　この5冊で受験準備も万全！

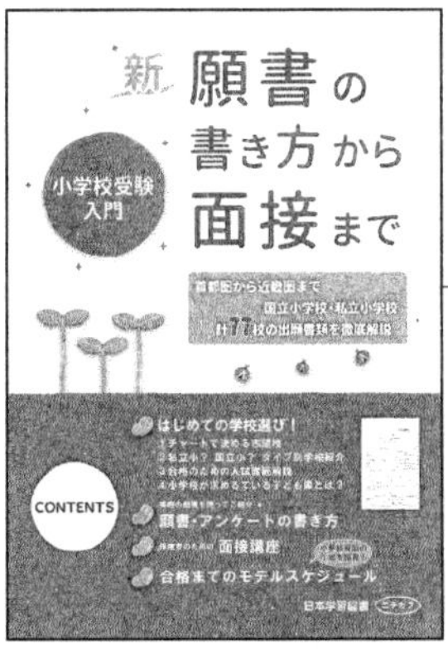

小学校受験入門
願書の書き方から面接まで　リニューアル版

主要私立・国立小学校の願書・面接内容を中心に、学校選びや入試の分野傾向、服装コーディネート、持ち物リスト なども網羅し、受験準備全体をサポートします。

小学校受験で
知っておくべき
125のこと

小学校受験の基本から怪しい「ウワサ」まで、保護者の方々からの125の質問にていねいに解答。目からウロコのお受験本。

新　小学校受験の
入試面接Q＆A　リニューアル版

過去十数年に遡り、面接での質問内容を網羅。小学校別、父親・母親・志願者別、さらに学校のこと・志望動機・お子さまについてなど分野ごとに模範解答例やアドバイスを掲載。

新　願書・アンケート
文例集500　リニューアル版

有名私立小、難関国立小の願書やアンケートに記入するための適切な文例を、質問の項目別に収録。合格を掴むためのヒントが満載！願書を書く前に、ぜひ一度お読みください。

小学校受験に関する
保護者の悩みQ＆A

保護者の方約1,000人に、学習・生活・躾に関する悩みや問題を取材。その中から厳選した200例以上の悩みに、「ふだんの生活」と「入試直前」のアドバイス2本立てで悩みを解決。

日本学習図書株式会社

図書カード 1000 円分プレゼント

ご記入日　　年　月　日

☆国・私立小学校受験アンケート☆

※可能な範囲でご記入下さい。選択肢は○で囲んで下さい。

〈小学校名〉＿＿＿＿＿＿＿＿＿＿　〈お子さまの性別〉男・女　〈誕生月〉＿＿月

〈その他の受験校〉（複数回答可）＿＿＿＿＿＿＿＿＿＿＿＿＿＿＿＿

〈受験日〉①：＿月＿日〈時間〉＿時＿分　～　＿時＿分

②：＿月＿日〈時間〉＿時＿分　～　＿時＿分

〈受験者数〉男女計＿＿名（男子＿＿名　女子＿＿名）

〈お子さまの服装〉＿＿＿＿＿＿＿＿＿＿＿＿＿＿＿

〈入試全体の流れ〉（記入例）準備体操→行動観察→ペーパーテスト

＿＿＿＿＿＿＿＿＿＿＿＿＿＿＿＿＿＿＿＿

Eメールによる情報提供
日本学習図書では、Eメールでも入試情報を募集しております。 下記のアドレスに、アンケートの内容をご入力の上、メールをお送り下さい。
ojuken@nichigaku.jp

●行動観察　（例）好きなおもちゃで遊ぶ・グループで協力するゲームなど

〈実施日〉＿月＿日〈時間〉＿時＿分　～　＿時＿分〈着替え〉□有　□無

〈出題方法〉□肉声　□録音　□その他（　　　　）〈お手本〉□有　□無

〈試験形態〉□個別　□集団（　　人程度）　〈会場図〉

〈内容〉

□自由遊び

＿＿＿＿＿＿＿＿＿＿＿＿＿＿＿＿

□グループ活動

＿＿＿＿＿＿＿＿＿＿＿＿＿＿＿＿

□その他

＿＿＿＿＿＿＿＿＿＿＿＿＿＿＿＿

●運動テスト（有・無）　（例）跳び箱・チームでの競争など

〈実施日〉＿月＿日〈時間〉＿時＿分　～　＿時＿分〈着替え〉□有　□無

〈出題方法〉□肉声　□録音　□その他（　　　　）〈お手本〉□有　□無

〈試験形態〉□個別　□集団（　　人程度）　〈会場図〉

〈内容〉

□サーキット運動

□走り　□跳び箱　□平均台　□ゴム跳び

□マット運動　□ボール運動　□なわ跳び

□クマ歩き

□グループ活動＿＿＿＿＿＿＿＿＿＿＿＿

□その他＿＿＿＿＿＿＿＿＿＿＿＿＿＿

●知能テスト・口頭試問

〈実施日〉 ＿＿月＿＿日 〈時間〉 ＿＿時＿＿分 ～ ＿＿時＿＿分 〈お手本〉□有 □無

〈出題方法〉 □肉声 □録音 □その他（　　　　　） 〈問題数〉 ＿＿枚 ＿＿問

分野	方法	内容	詳細・イラスト
（例） お話の記憶	☑筆記 □口頭	動物たちが待ち合わせをする話	（あらすじ） 動物たちが待ち合わせをした。最初にウサギさんが来た。次にイヌくんが、その次にネコさんが来た。最後にタヌキくんが来た。 （問題・イラスト） ３番目に来た動物は誰か 
お話の記憶	□筆記 □口頭		（あらすじ） （問題・イラスト）
図形	□筆記 □口頭		
言語	□筆記 □口頭		
常識	□筆記 □口頭		
数量	□筆記 □口頭		
推理	□筆記 □口頭		
その他	□筆記 □口頭		

●制作　（例）ぬり絵・お絵かき・工作遊びなど

〈実施日〉＿＿月＿＿日　〈時間〉＿＿時＿＿分　～　＿＿時＿＿分

〈出題方法〉　□肉声　□録音　□その他（　　　　　　）〈お手本〉□有　□無

〈試験形態〉　□個別　□集団（　　　人程度）

材料・道具	制作内容
□ハサミ □のり（□つぼ　□液体　□スティック） □セロハンテープ □鉛筆　□クレヨン（　色） □クーピーペン（　色） □サインペン（　色）□ □画用紙（□ A4　□ B4　□ A3 □その他：　　　　　） □折り紙　□新聞紙　□粘土 □その他（　　　　　）	□切る　□貼る　□塗る　□ちぎる　□結ぶ　□描く　□その他（　　　　　） タイトル：＿＿＿＿＿＿＿＿

●面接

〈実施日〉＿＿月＿＿日　〈時間〉＿＿時＿＿分　～　＿＿時＿＿分〈面接担当者〉＿＿名

〈試験形態〉□志願者のみ（　　）名　□保護者のみ　□親子同時　□親子別々

〈質問内容〉

※試験会場の様子をご記入下さい。

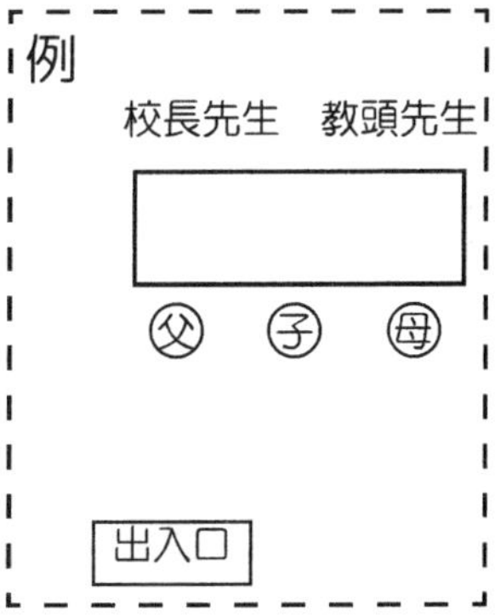

□志望動機　□お子さまの様子

□家庭の教育方針

□志望校についての知識・理解

□その他（　　　　　　　　　　）

（詳　細）

・

・

・

・

●保護者作文・アンケートの提出（有・無）

〈提出日〉　□面接直前　□出願時　□志願者考査中　□その他（　　　　　　　）

〈下書き〉　□有　□無

〈アンケート内容〉

（記入例）当校を志望した理由はなんですか（150字）

●**説明会**（□有　□無）〈開催日〉＿＿月＿＿日〈時間〉＿＿時＿＿分＿～＿＿時＿＿分

〈上履き〉□要　□不要　〈願書配布〉□有　□無　〈校舎見学〉□有　□無

〈ご感想〉

●**参加された学校行事**（複数回答可）

公開授業〈開催日〉＿＿月＿＿日〈時間〉＿＿時＿＿分＿～＿＿時＿＿分

運動会など〈開催日〉＿＿月＿＿日〈時間〉＿＿時＿＿分＿～＿＿時＿＿分

学習発表会・音楽会など〈開催日〉＿＿月＿＿日〈時間〉＿＿時＿＿分＿～＿＿時＿＿分

〈ご感想〉

※是非参加したほうがよいと感じた行事について

●**受験を終えてのご感想、今後受験される方へのアドバイス**

※対策学習（重点的に学習しておいた方がよい分野）、当日準備しておいたほうがよい物など

＊＊＊＊＊＊＊＊＊＊＊＊＊　ご記入ありがとうございました　＊＊＊＊＊＊＊＊＊＊＊＊＊

必要事項をご記入の上、ポストにご投函ください。

なお、本アンケートの送付期限は入試終了後３ヶ月とさせていただきます。また、入試に関する情報の記入量が当社の基準に満たない場合、謝礼の送付ができないことがございます。あらかじめご了承ください。

ご住所：〒＿＿＿＿＿＿＿＿＿＿＿＿＿＿＿＿＿＿＿＿

お名前：＿＿＿＿＿＿＿＿＿＿　メール：＿＿＿＿＿＿＿＿＿＿

ＴＥＬ：＿＿＿＿＿＿＿＿＿＿　ＦＡＸ：＿＿＿＿＿＿＿＿＿＿

ご記入頂いた個人に関する情報は、当社にて厳重に管理致します。弊社の個人情報取り扱いに関する詳細は、www.nichigaku.jp/policy.php の「個人情報の取り扱い」をご覧下さい。

家庭学習をトータルサポート！ ニチガクのオリジナル 効果的 学習法

1 まずは アドバイスページを読む！

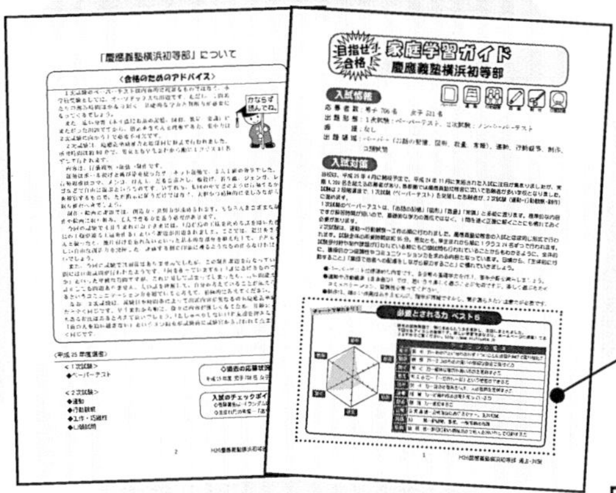

ピンク色です

対策や試験ポイントがぎっしりつまった「家庭学習ガイド」。分析内容やレーダーチャート、分野アイコンで、試験の傾向をおさえよう！

2 問題を全て読み、出題傾向を把握する

3 「学習のポイント」で学校側の観点や問題の解説を熟読

4 初めて過去問題にチャレンジ！

5 プラスα 対策問題集や類題で力を付ける

過去問のこだわり

各問題に求められる「力」

分野だけでなく、各問題の求められる「力」をアイコンで表記！アドバイスページの分析レーダーチャートで力のバランスも把握できる！

各問題のジャンル

問題1 分野：数量（計数） 集中 観察

〈準備〉 クレヨン

〈問題〉 ①虫がたくさんいます。それぞれの虫は何匹いますか。下のそれぞれの絵の右側に、その数だけ緑色のクレヨンで○を書いてください。
②果物が並んでいます。それぞれの果物はいくつありますか。下のそれぞれの絵の右側に、その数だけ赤色のクレヨンで○を書いてください。

〈時間〉 1分

〈解答〉 ①アメンボ…5、カブトムシ…8、カマキリ…11、コオロギ…9
②ブドウ…6、イチゴ…10、バナナ…8、リンゴ…5

出題年度

［2018年度出題］

学習のポイント

①は男子、②は女子で出題されました。1次試験のペーパーテストは、全体的にオーソドックスな内容で、特別に難易度が高い問題ではありません。しかし、解答時間が短く、解き終わらない受験者も多かったようです。本問のような計数問題では、特に根気よく、数え落としがないように進めなければなりません。そのためにも、例えば、左上の虫から右に見ていく、もしくは縦に見ていく、というように、ルールを決めて数えていくこと、また、○や×、△などの印を虫ごとに付けていくことで、数え落としのミスを減らせます。時間は短いため焦りがつきものですが、落ち着いて取り組めるよう、少しずつ練習していきましょう。

【おすすめ問題集】
Jr・ウォッチャー14「数える」、37「選んで数える」

学習のポイント

各問題の解説や学校の観点、指導のポイントなどを教えます。
今日から家庭学習の先生に！

おすすめ対策問題集

分野ごとに対策問題集をご紹介。苦手分野の克服に最適です！
＊専用注文書付き。

2021年度版 城星学園小学校
帝塚山学院小学校 過去問題集

発行日 2020年4月5日
発行所 〒162-0821 東京都新宿区津久戸町 3-11-9F
日本学習図書株式会社
電 話 03-5261-8951 ㈹